EDITORA DO CONHECIMENTO

Auxiliando a humanidade a encontrar a Verdade

O EVANGELHO DO DIA

O Evangelho do Dia

Volume 4

Allan Kardec

CONHECIMENTO EDITORIAL LTDA.
Rua Prof. Paulo Chaves, 276 - Vila Teixeira Marques
CEP 13480-970 – Limeira – SP
Fone/Fax: 19 3451-5440
www.edconhecimento.com.br
vendas@edconhecimento.com.br

Tradução: Julieta Leite
Edição de texto: Margareth Rose Fonseca Carvalho
Organização e formatação: Dalmo Duque dos Santos
Ilustração da Capa: Banco de imagens
Projeto Gráfico: Sérgio Carvalho

ISBN 978-857618-227-6 – 1ª Edição - 2011

• Impresso no Brasil • Presita en Brazilo

Produzido no departamento gráfico da
EDITORA DO CONHECIMENTO
Fone: 19 3451-5440
e-mail: conhecimento@edconhecimento.com.br

Dados Internacionais de Catalogação na Publicação (CIP)
(Câmara Brasileira do Livro, SP, Brasil)

Kardec, Allan, 1804 - 1869.
O Evangelho do Dia, volume 4 / Allan Kardec ; organização e formatação Dalmo Duque dos Santos ; [tradução Julieta Leite]. - 1. ed. - - Limeira, SP : Editora do Conhecimento, 2011.

ISBN 978-857618-227-6

1. Espiritismo 2. Evangelho I. Santos, Dalmo Duque dos. II. Título

CDD – 133.9

Índices para catálogo sistemático:
1. : Espiritismo : 133.9
2. Evangelhos : Exegese espírita 133.9

Allan Kardec

O EVANGELHO DO DIA

Volume 4

Organização e formatação:
Dalmo Duque dos Santos

1ª edição
2011

EDITORA DO CONHECIMENTO

Sumário

Apresentação

Caro leitor,

Este guia foi idealizado para facilitar a leitura, a reflexão e a reforma moral com base nos temas de ***O Evangelho Segundo o Espiritismo***, ilustrados por questões de ***O Livro dos Espíritos*** e, eventualmente, de ***O Livro dos Médiuns***.

Os conceitos do item **Vida Plena**, que é o Evangelho na prática, foram extraídos de diversas obras e experiências que procuram diferenciar o **pensar**, o **sentir** e o **agir** na transformação do comportamento humano. Essa dinâmica reflexiva é muito rica, tanto na aplicação individual como em grupo. Quando praticada, é necessário obedecer as etapas progressivas de auto-conhecimento:

O que **penso** a respeito deste assunto?
Que **sentimento** tenho sobre o tema proposto?
Estou **disposto a mudar** minha forma de pensar, sentir e agir?
Por onde posso **começar** essa mudança?

Fé inabalável é somente aquela que pode encarar a razão de frente, em todas as eras da humanidade.

***

Os espíritos do Senhor, que são as virtudes dos Céus, tal qual um imenso exército que se põe em movimento ao receber um comando superior, posicionam-se por toda a superfície da Terra, e, como estrelas cadentes, vêm iluminar o caminho e abrir os olhos dos cegos.

Em verdade vos digo, são chegados os tempos em que todas as coisas devem ser restabelecidas em seu verdadeiro sentido, a fim de dissipar as trevas da ignorância, confundir os orgulhosos e glorificar os justos.

As grandes vozes do Céu ecoam como o som da trombeta, e os coros dos anjos a elas se juntam. Homens, nós vos convidamos a participar deste divino concerto! Que vossas mãos tomem a lira; que vossas vozes se unam, e, num hino sagrado, se façam ouvir e vibrar de um extremo ao outro do Universo!

Homens, irmãos a quem amamos, estamos junto de vós! Amai-vos também uns aos outros, e, fazendo a vontade do Pai, que está no Céu, clamai do fundo do vosso coração: "Senhor! Senhor!". Então, podereis entrar no reino dos Céus.

O Espírito de Verdade

Domingo

Capítulo I

NÃO VIM REVOGAR A LEI

Aliança entre a ciência e a religião

8. A ciência e a religião são as duas alavancas da inteligência humana. A primeira revela as leis do mundo material e a outra, as leis morais. No entanto, tendo ambas *o mesmo princípio, que é Deus,* não podem se contradizer, pois se uma for a negação da outra, obrigatoriamente uma estará errada e a outra terá razão, já que Deus não pode querer destruir Sua própria obra. A incompatibilidade que acreditou-se haver entre essas duas correntes ideológicas se deve a um erro de observação e ao demasiado exclusivismo de ambas, desembocando no conflito que deu origem à incredulidade e à intolerância.

São chegados os tempos em que os ensinamentos de Jesus devem receber seu complemento; em que o véu lançado propositadamente sobre algumas partes desses ensinamentos deve ser levantado; em que a ciência, deixando de ser exclusivamente materialista, deve levar em consideração o aspecto espiritual; em que a religião deve reconhecer as leis orgânicas e imutáveis da matéria. Então, essas duas forças, apoiando-se uma na outra, se ajudarão mutuamente. A religião, não sendo mais alvo do descrédito da ciência, adquirirá uma força inabalável, porque estará em conformidade com a razão e já não poderá opor-se a irresistível lógica dos fatos.

A ciência e a religião não conseguiram se entender até hoje porque, ao examinar as coisas cada uma sob seu ponto de vista exclusivo, rejeitavam-se mutuamente. Era preciso algo para preencher o vazio que as separava; um traço-de-união que as aproximasse. Esse traço-de-união está no conhecimento das leis que regem o mundo espiritual e suas relações com o mundo físico; leis tão imutáveis quanto as que regem o movimento dos astros e a existência dos seres. No momento em que essas relações foram constatadas pela experiência, surgiu então uma nova luz: a fé se dirigiu à razão; a razão nada encontrou de ilógico na fé e o materialismo foi derrotado.

Mas, como em tudo na vida, há aqueles que ficam para trás, até que finalmente são arrastados por um movimento geral que poderá esmagá-los se tentarem resistir, ao invés de acompanhá-lo. É o que se opera neste momento: toda uma revolução moral que trabalha e aprimora os espíritos, por mais de dezoito séculos, se aproxima de sua plena realização e vai marcar uma nova era da humanidade. É fácil prever as consequências dessa revolução: nas relações sociais, ela deve produzir modificações inevitáveis que ninguém será capaz de impedir, pois fazem parte dos desígnios de Deus e são o resultado da Lei da Evolução, que é uma lei de Deus.

O LIVRO DOS ESPÍRITOS

1. Que é Deus?

– Deus é a inteligência suprema, causa primária de todas as coisas.

2. Que devemos entender por infinito?

– O que não tem começo nem fim: o desconhecido; tudo o que é desconhecido é infinito.

3. Poderíamos dizer que Deus é o infinito?

– Definição incompleta. Pobreza da linguagem dos homens, que é insuficiente para definir as coisas que estão além da sua inteligência.

Deus é infinito nas suas perfeições, mas o infinito é uma

abstração; dizer que Deus é o ***infinito*** é tomar o atributo pela coisa em si; é definir uma coisa que não se conhece a partir de outra igualmente desconhecida.

VIDA PLENA

"Até que ponto eu racionalizo a minha fé?".

PRECE

Deus, Criador e Provedor de todas as nossas necessidades, que em nossos espíritos possa haver sempre a harmonia entre a fé e a razão, afastando-nos do fanatismo que cega e do ceticismo que nos distancia da verdade.

Segunda-feira

Capítulo 2
MEU REINO NÃO É DESTE MUNDO

INTRUÇÕES DOS ESPÍRITOS
UMA REALEZA TERRENA

8. Quem melhor do que eu pode entender a verdade destas palavras de Jesus: "Meu reino não é deste mundo"? O orgulho me perdeu na Terra. Quem, pois, poderia compreender a insignificância dos reinos da Terra, se eu não a compreendi? O que levei comigo de minha realeza terrena? Nada, absolutamente nada! E para tornar a lição ainda mais terrível, minha realeza nem ao menos me acompanhou ao túmulo. Rainha eu era entre os homens, rainha eu acreditava entrar no reino dos Céus. Que desilusão! Que humilhação quando, em lugar de ser recebida como soberana, vi acima de mim, mas bem acima, homens que eu julgava inferiores e a quem havia desprezado por não terem sangue nobre! Então compreendi a inutilidade das honrarias e das grandezas que tanto ambicionamos na Terra!

Para se conseguir um lugar no reino celeste, é preciso abnegação, humildade, caridade em toda sua prática cristã, e benevolência para com todos. Não se pergunta o que fostes, que posição ocupastes, mas o bem que fizestes e quantas lágrimas enxugastes.

Ó Jesus, disseste que teu reino não era deste mundo, pois é preciso sofrer para chegar ao Céu! E os degraus do trono realmente não nos aproximam dele. São os percursos mais difíceis da vida que nos conduzem a ele. Procurai, pois, o caminho por entre pedras e espinhos, e não entre flores.

Os homens correm atrás dos bens terrenos, como se pudessem mantê-los para sempre. Aqui, porém, não há mais ilusão, pois logo percebem que só se apoderaram de uma sombra e que negligenciaram os únicos bens duráveis, os únicos que lhes são úteis na morada celeste, os únicos que podem lhes dar acesso a essa morada.

Tende piedade dos que não alcançaram o reino dos Céus! Ajudai-os com vossas preces, pois a prece aproxima o homem do Altíssimo. É o traço-de-união entre o Céu e a Terra; não esqueçais disso. (Uma Rainha da França, Havre, 1863).

O LIVRO DOS ESPÍRITOS

218. O espírito encarnado não conserva algum vestígio das percepções que teve e das experiências que adquiriu em suas existências anteriores?

- Resta-lhe uma vaga lembrança, que lhe dá o que chamamos de idéias inatas.

218a. A teoria das idéias inatas não é, então, uma ilusão?

- Não, os conhecimentos adquiridos em cada existência não se perdem. Liberto da matéria, o espírito se lembra deles sempre. Durante a encarnação, pode esquecê-los em parte, momentaneamente, mas a intuição que deles lhe resta contribui para seu progresso. Sem isso, seria um contínuo recomeçar. A cada nova existência, o espírito parte do ponto em que ficara na existência anterior.

VIDA PLENA

"Alguma coisa do passado interfere negativamente no meu presente? Como posso cuidar do futuro?".

PRECE

Bons espíritos, vós que habitais o verdadeiro reino dos Céus, que o conquistaram pela vossa prudência, pela vossa benevolência e, sobretudo, pela vossa fé no futuro, alertai-nos quando, por indiferença e invigilância, nos afastarmos dessas virtudes.

Terça-feira

Capítulo 3

HÁ MUITAS MORADAS NA CASA DE MEU PAI (I)

INSTRUÇÕES DOS ESPÍRITOS

MUNDOS INFERIORES E MUNDOS SUPERIORES

8. A classificação de mundos inferiores e mundos superiores é usada como parâmetro comparativo em relação ao grau de adiantamento evolutivo de seus habitantes. Assim, determinado mundo pode ser inferior ou superior aos que lhe estão acima ou abaixo, na escala progressiva espiritual.

Tomando a Terra como ponto de comparação, pode-se fazer uma idéia do estado em que se encontra um mundo inferior, supondo que os seus habitantes estejam no grau evolutivo dos povos selvagens e das nações bárbaras que ainda se encontram em sua superfície, como restos do seu primitivo estado. Nos mundos mais atrasados, os homens são de certa forma rudimentares; têm a forma humana, mas sem nenhuma beleza; seus instintos não são abrandados por qualquer sentimento de delicadeza ou de benevolência, nem por noções do justo e do injusto. A força bruta é sua única lei. Sem indústria, sem invenções, os habitantes dedicam a vida na busca de alimentos. Mas, como Deus não abandona nenhuma de Suas criaturas, no fundo dessas inteligências rudes encontra-se latente, mais ou menos desenvolvida, uma vaga intuição da existência de um Ser supremo. Essa intuição é o bastante para torná-los superiores uns aos outros e preparar-lhes o desabrochar para uma vida mais completa, pois não são seres proscritos, mas sim crianças que estão crescendo.

Entre os degraus inferiores e os mais elevados, há inúmeros escalões, e é difícil reconhecer nos espíritos puros, desmaterializados e resplandecentes de glória, os que foram um dia seres primitivos, da mesma forma que é difícil reconhecer no homem adulto o embrião que o originou.

9. Nos mundos que atingiram um grau superior de evolução, as condições da vida moral e material são bem diferentes das da Terra. Como em toda parte, a forma do corpo é sempre a forma humana, mas embelezada, aperfeiçoada e principalmente purificada. O corpo nada tem da materialidade terrena, não estando, consequentemente, sujeito às exigências, às doenças, nem às deteriorações que a predominância na matéria provoca.

Mais apurados, os sentidos têm percepções que a rudeza dos órgãos asfixia aqui na Terra. A leveza específica do corpo torna a locomoção rápida e fácil. Ao invés de se arrastar penosamente sobre o solo, ele desliza pela superfície, ou volita na atmosfera sem outro esforço a não ser o da vontade, tal como se representam os anjos, ou como os antigos imaginavam os manes[1] nos Campos Elíseos.[2] Os homens conservam, se assim o desejam, os traços de suas existências anteriores e aparecem aos seus amigos tal como os conheceram, porém iluminados por uma luz divina, transfigurados pelos sentimentos interiores, que são sempre elevados. No lugar de rostos pálidos, abatidos por sofrimentos e paixões, a inteligência e a vida irradiam aquele esplendor que os pintores conseguiram representar por meio da auréola dos santos.

A pouca resistência que a matéria oferece aos espíritos já muito adiantados torna rápido o desenvolvimento dos corpos, e breve ou quase nula a infância. A vida, livre de preocupações e angústias, é proporcionalmente mais longa do que na Terra. Em princípio, a longevidade é proporcional ao grau de adiantamento dos mundos. Não há na morte os horrores da decomposição. Por isso, longe de ser motivo de pavor, ela é considerada uma transformação feliz, porque não existe a incerteza quanto ao futuro. Não estando encerrada em uma matéria densa durante a vida, a alma se expande e goza de uma lucidez que

1 Manes: Espíritos considerados divindades na antiga Roma.
2 Campos Elíseos: Lugar de felicidade eterna.

a coloca em estado quase permanente de emancipação, e lhe permite a livre transmissão do pensamento.

O LIVRO DOS ESPÍRITOS

178. Os espíritos podem voltar a viver corporalmente num mundo relativamente inferior a outro onde já viveram?

- Sim, quando, a fim de contribuir para o progresso, têm uma missão a cumprir, e então aceitam com satisfação as tribulações dessa existência, porque lhes proporcionam um meio de evoluir.

178a. Isso não pode acontecer também como expiação? Deus não pode mandar espíritos rebeldes para mundos inferiores?

- Os espíritos podem ficar estacionários, mas não retrocedem; nesse caso, sua punição é não progredir, e recomeçar suas existências mal-empregadas num meio condizente com a sua natureza.

178b. Quais são os que devem recomeçar a mesma existência?

- Os que não cumpriram sua missão ou suas provas.

179. Os seres que habitam cada mundo chegaram todos ao mesmo grau de perfeição?

- Não. É como na Terra: há seres mais avançados do que os outros.

VIDA PLENA

"Cultivo uma espiritualidade superior, sem ritos e cultos exteriores? Como tenho lidado com a consciência?".

PRECE

Mestre amado, Vós que sois o responsável pela redenção desta humanidade sofredora, fazei com que possamos compreender melhor as sublimes lições do Vosso Evangelho e assim nos prepararmos intimamente para trilhar o seu caminho, a sua verdade e viver a verdadeira vida.

Quarta-feira

Capítulo 3

HÁ MUITAS MORADAS NA CASA DE MEU PAI (II)

INSTRUÇÕES DOS ESPÍRITOS

MUNDOS INFERIORES E MUNDOS SUPERIORES

10. Nesses mundos felizes, as relações entre os povos, sempre amistosas, jamais são perturbadas pelo desejo de dominar os vizinhos, nem tampouco pela guerra, que é sua consequência. Não há senhores e escravos nem privilegiados pelo nascimento. Só a superioridade moral e intelectual estabelece a diferença de condições, e confere a supremacia. A autoridade é sempre respeitada, porque só é outorgada a quem tem mérito e é exercida sempre com justiça. ***O homem não procura elevar-se acima do homem, mas acima de si próprio, aperfeiçoando-se.*** Seu objetivo é alcançar a categoria dos espíritos puros, e esse desejo não é um tormento, mas uma nobre ambição que o faz estudar com entusiasmo para conseguir igualá-los.

Nos mundos felizes, todos os sentimentos generosos e elevados da natureza humana se acham engrandecidos e apurados, desconhecendo-se o ódio, o ciúme mesquinho e a inveja. Um laço de amor e de fraternidade une todos os homens; os mais fortes ajudam os mais fracos. Seus bens são adquiridos conforme o desempenho de sua inteligência, embora ninguém sofra por falta do necessário, pois não se está lá em expiação. Resumindo: nos mundos felizes o mal não existe.

11. No vosso mundo, é necessário o mal para sentir-se o bem; a noite para admirar-se a luz; a doença para dar valor à saúde. Nos mundos superiores, porém, esses contrastes não são necessários: a luz, a beleza e a tranquilidade da alma proporcionam uma alegria eterna, que não é perturbada nem pelas angústias da vida material nem pelo contato com os maus, que aliás lá não existem. É isso que a inteligência humana tem dificuldade para compreender. O homem foi muito criativo ao pintar os tormentos do inferno, mas não consegue imaginar as alegrias do Céu. E por quê? Porque, sendo inferior, experimentou somente penas e misérias, e não captou as luzes celestes, podendo transmitir apenas o que conhece. Mas, à medida que se eleva e se depura, o horizonte se aclara e ele compreende o bem que está diante de si, como compreendeu o mal que ficou para trás.

12. Contudo, esses mundos afortunados não são mundos para poucos privilegiados, pois Deus não faz diferença entre nenhum de Seus filhos. Ele concede a todos os mesmos direitos e as mesmas facilidades para alcançá-los; faz todos partirem do mesmo ponto, e não favorece mais a uns do que a outros. Portanto, cabe a cada um atingi-los o mais cedo possível, ou ficar definhando durante séculos e séculos entre a escória da humanidade (Resumo do ensinamento de todos os espíritos superiores).

O LIVRO DOS ESPÍRITOS

180. Ao passar deste mundo para outro, o espírito conserva a inteligência que tinha aqui?

– Sem dúvida, a inteligência não se perde, mas ele pode não ter os mesmos meios para manifestá-la; tudo depende da sua superioridade e do estado do corpo que tomará (Ver "Influência do Organismo", capítulo 7 de *O Livro dos Espíritos*).

181. Os seres que habitam os diferentes mundos têm corpos semelhantes aos nossos?

- Sem dúvida, têm corpos, porque o espírito precisa estar revestido de matéria para atuar sobre a matéria; porém, segundo o grau de pureza a que chegaram os espíritos, esse envoltório é mais ou menos material, e é o que faz a diferença

entre os mundos que devemos percorrer, pois há muitas moradas na casa de nosso Pai e, consequentemente, muitos graus. Alguns o sabem e têm consciência disso na Terra; com outros, o mesmo não acontece.

182. É possível conhecer exatamente o estado físico e moral dos diferentes mundos?

- Nós, espíritos, apenas podemos responder segundo o grau de adiantamento em que vos encontrais, o que significa que não devemos revelar estas coisas a todos, porque nem todos estão em condições de compreendê-las, e isso os perturbaria.

VIDA PLENA

"Quando discuto, esclareço o entendimento do outro ou sou intransigente em minhas opiniões?".

PRECE

Senhor, que possamos ser dignos de habitar esta morada que nos destes para realizar o maravilhoso trabalho de ascensão espiritual; que nela possamos estar satisfeitos e resignados, pois sabemos que é o mundo de que necessitamos e que nos prepara para merecer outros mais felizes e perfeitos.

Quinta-feira

Capítulo 4
NINGUÉM PODE VER O REINO DE DEUS SE NÃO NASCER DE NOVO

Ressurreição e reencarnação

14. Mas quando o homem morre uma vez, quando o seu corpo já pereceu, que é feito dele? Tendo morrido uma vez, será que poderia viver novamente? Nesta luta em que me encontro, todos os dias, espero que chegue a minha transformação (Jó, 14:10-14, tradução de Sacy).

Quando o homem morre, perde toda a sua força e expira; depois, onde está ele? Se o homem morre, viverá de novo? Esperarei todos os dias do meu combate até que me aconteça alguma transformação? (IDEM, tradução protestante de Osterwald).

Quando o homem está morto, vive sempre. Acabando os dias de minha existência terrena, *esperarei*, pois a ela voltarei (IDEM, versão da Igreja Grega).

15. O princípio da pluralidade das existências está claramente expresso nessas três versões. Não podemos supor que Jó pretendesse falar da regeneração pela água do batismo, que certamente ele não conhecia. "Tendo morrido ***uma vez***, será que o homem poderia ***viver novamente***?", questionava Jó. A idéia de morrer uma vez, e reviver, envolve a idéia de morrer e reviver muitas vezes. A versão da Igreja Grega é ainda mais explícita, se é que isso é possível: "Acabando os dias da minha

existência terrena, *esperarei*, pois a ela voltarei", ou seja, voltarei à existência terrena. É tão claro como se alguém dissesse: "Estou saindo de minha casa, mas vou voltar".

"Nesta luta em que me encontro todos os dias, *espero* que chegue a minha transformação". É evidente que, nessa citação, Jó quer falar da luta que trava contra as misérias da vida. Ele espera sua transformação, ou seja, resigna-se. Na versão grega, *esperarei* parece aplicar-se mais à nova existência: "Acabando os dias de minha existência terrena, esperarei, pois a ela voltarei". Jó parece colocar-se, após a morte, no intervalo que separa uma existência da outra, dizendo que lá aguardará seu retorno.

16. Portanto, não há dúvidas de que, sob o nome de ***ressurreição***, o princípio da encarnação era uma das crenças fundamentais dos judeus, e de que foi confirmada por Jesus e pelos profetas de maneira clara. Donde se conclui que negar a reencarnação é negar as palavras do Cristo. Um dia, quando todos puderem refletir sem opiniões preconcebidas, Suas palavras serão aceitas e respeitadas sobre esse ponto, bem como sobre muitos outros.

17. Mas, a esse entendimento do ponto de vista religioso vem juntar-se o ponto de vista filosófico: as provas resultantes da observação dos fatos. Como todas as causas têm um efeito, a reencarnação surge como uma necessidade absoluta, como uma condição inerente à humanidade. Em resumo, como uma lei natural. Por seus resultados, ela se revela, por assim dizer, de uma forma material, como o motor oculto se revela por seu movimento. Só ela pode dizer ao homem ***de onde ele vem, para onde ele vai, por que está na Terra***, e justificar todas as desigualdades e injustiças que a vida apresenta.[1]

Sem o princípio da preexistência da alma e da pluralidade das existências, as máximas do ***Evangelho*** de Jesus ficam, em sua maioria, incompreensíveis. Eis por que deram margem a interpretações tão contraditórias. Esse princípio é, pois, a chave que deve restituir-lhes o verdadeiro sentido.

---

1 Para mais detalhes sobre *reencarnação*, ver *O Livro dos Espíritos*, capítulos 4 e 5; *O que é o Espiritismo?*, capítulo 2, ambos de Allan Kardec; e *Pluralidade das Existências*, de Pezzani.

168. O número de existências corporais é limitado, ou o espírito reencarna perpetuamente?

- A cada nova existência, o espírito dá um passo no caminho do progresso. Quando se tiver livrado de todas as suas impurezas, não tem mais necessidade das provas da vida corporal.

169. O número de encarnações é igual para todos os espíritos?

- Não. Aquele que avança rápido se livra de algumas provas. As sucessivas encarnações, porém, são sempre muito numerosas, pois o progresso é quase infinito.

170. Que passa a ser o espírito após sua última encarnação?

- Espírito bem-aventurado; é puro espírito.

VIDA PLENA

"Evito a impaciência? Lembro-me de que já vivi séculos incontáveis e que estou diante de milênios sem-fim?".

PRECE

Senhor, que possamos com o Vosso auxílio aproveitar cada minuto de nossa atual existência para nos dedicar às tarefas imprescindíveis do corpo e do espírito. Afastai-nos da ociosidade, do desânimo e do pessimismo. Que o trabalho possa continuar sendo para todos nós um motivo de satisfação e alegria.

Sexta-feira

Capítulo 5
BEM-AVENTURADOS OS AFLITOS

2. Bem-aventurados vós, que sois pobres, pois vosso é o reino dos Céus. Bem-aventurados vós, que agora tendes fome, pois sereis saciados. Bem-aventurados vós, que chorais agora, pois havereis de rir (Lucas, 6:20 e 21).

Motivos de resignação

12. Com as palavras: "Bem-aventurados os aflitos, pois serão consolados", Jesus indica, ao mesmo tempo, a compensação que aguarda os que sofrem e a resignação que os faz bendizer o sofrimento como início da cura.

Essas palavras também podem ser interpretadas assim: "Deveis vos considerar felizes por sofrer, pois vossas dores neste mundo são o pagamento das dívidas de vossas faltas passadas. Essas dores, quando suportadas pacientemente aqui na Terra, vos poupam séculos de sofrimento na vida futura. Deveis então ficar felizes por Deus ter reduzido vossa dívida, permitindo-vos saldá-la agora, o que vos garante tranquilidade no futuro."

O homem que sofre é como o devedor de uma grande quantia, a quem o credor diz: "Se me pagares ainda hoje a centésima parte, eu te dispenso do resto da dívida, e estarás livre. Mas se não o fizeres, te cobrarei até que me pagues o último centavo". Esse devedor não ficaria feliz, mesmo que tivesse de suportar privações para se libertar dessa grande dívida, sabendo que pagaria apenas a centésima parte dela? Ao invés de queixar-se de seu credor, não deveria agradecer-lhe?

É exatamente esse o sentido das palavras: "Bem-aventurados os aflitos, pois serão consolados". Eles são felizes porque estão pagando suas dívidas, e depois de liquidá-las ficarão livres. Mas se, ao mesmo tempo em que procura liquidá-las, adquire novos débitos, jamais alcançará a libertação. Ora, cada nova falta aumenta a dívida, pois não há uma única falta, seja ela qual for, que não traga obrigatoriamente consigo a punição inevitável: se não for hoje, será amanhã; se não for nesta vida, será na outra. Entre essas faltas, deve-se colocar em primeiro plano a falta de submissão à vontade de Deus. Portanto, se nos lamentamos nos momentos de aflições, se não as aceitamos com resignação, como algo que merecemos, e se acusamos a Deus de injusto, contraímos uma nova dívida que nos faz perder a lição que poderíamos tirar do sofrimento. É por isso que estamos sempre precisando recomeçar, como se pagássemos prestações a um credor que nos persegue, e a cada vez lhe pedíssemos novo empréstimo.

Ao entrar no mundo dos espíritos, o homem ainda se parece com o operário que se apresenta no dia do pagamento. A uns, o Senhor dirá: "Aqui está o pagamento pelos vossos dias de trabalho"; a outros, aos bem-sucedidos na Terra, aos que viveram na ociosidade, cuja felicidade consistiu na satisfação do amor-próprio e nas alegrias mundanas, Ele dirá: "Nada vos cabe, pois recebestes vosso salário na Terra. Ide e recomeçai vossa tarefa!".

13. Conforme a maneira de encarar a vida terrena, o homem pode amenizar ou agravar a amargura de suas provas. Quanto mais ele acha que é longa a duração do seu sofrimento, mais sofre. Porém, se observar a vida terrena do ponto de vista da vida espiritual, logo a compreende como um ponto no Infinito e percebe o quanto ela é breve, concluindo que esse momento penoso logo passará. A certeza de um futuro próximo, mais feliz, anima-o e encoraja-o, e, em vez de lamentar-se, ele agradece aos Céus pelas dores que o fazem avançar. Para quem só enxerga a vida corpórea, ao contrário, esta lhe parece interminável, e a dor pesa sobre si com toda sua intensidade.

Aquele que encara a vida do ponto de vista espiritual dá menos importância às coisas deste mundo; modera os seus desejos e se contenta com sua posição, sem invejar a dos outros; atenua a impressão moral dos reveses e desilusões que sofre. Assim procedendo, extrai uma calma e uma resignação úteis, tanto à saúde do corpo como à da alma, ao passo que, pela inveja, pelo ciúme e pela ambição, se submete voluntariamente à tortura, aumentando as misérias e angústias de sua curta existência.

O LIVRO DOS ESPÍRITOS

963. Deus se ocupa pessoalmente com cada homem? Ele não é muito grande e nós, muito pequenos, para que cada indivíduo em particular tenha alguma importância aos seus olhos?

- Deus se ocupa com todos os seres que criou, por menores que sejam; nada é pequeno demais para Sua bondade.

964. Deus precisa se ocupar com cada um dos nossos atos para recompensar-nos ou punir-nos? E esses atos, em sua maioria, não são insignificantes para Ele?

- Deus tem Suas leis, que regem todos os vossos atos. Se as infringis, a culpa é vossa. Sem dúvida, quando um homem comete um excesso, Deus não profere contra ele uma sentença para dizer-lhe, por exemplo: "Foste guloso, vou punir-te, mas traçou um limite. As doenças, e muitas vezes a morte, são consequências dos excessos; eis aí a punição: ela é resultado da infração à Lei. Com tudo é assim!

Todas as nossas ações estão sujeitas às leis de Deus. Não há uma única, *por mais insignificante que nos pareça*, que não possa ser uma violação a essas leis. Se sofremos as consequências dessa violação, só devemos nos queixar de nós mesmos, que, com isso, nos tornamos artífices da nossa felicidade, ou infelicidade futura.

Esta é evidenciada na seguinte alegoria:

> Um pai dá a seu filho educação e instrução, ou seja, dá-lhe meios de saber conduzir-se. Cede-lhe um campo para cultivar e lhe diz: "Eis aqui a regra a ser seguida e todos os instrumentos necessários para tornar o cam-

po fértil e garantir tua existência. Dei-te instrução para compreenderes esta regra; se a seguires, teu campo produzirá muito e te proporcionará tranquilidade na velhice; sem isso, ele nada produzirá e morrerás de fome. Dito isso, deixa-o agir como bem entender.

Não é certo que esse campo produzirá conforme os cuidados dispensados à cultura, e que qualquer negligência virá em detrimento da colheita? Na velhice, portanto, o filho será feliz, ou infeliz, conforme tiver seguido ou negligenciado a regra traçada por seu pai. Deus é ainda mais previdente, porque a todo instante nos faz ver se estamos procedendo bem ou mal: envia-nos os espíritos para nos inspirar, mas não lhes damos ouvidos. Há mais esta diferença: Deus sempre dá ao homem, em suas novas existências, um meio de reparar seus erros passados, ao passo que para o filho de quem falamos, o qual empregou mal o seu tempo, não há mais recurso.

VIDA PLENA

"Diante da tempestade, me espanto e fujo, ou busco a resistência íntima para compreendê-la?".

PRECE

Mestre Jesus, Vós que conheceis as nossas imperfeições, que nos ama profundamente porque sabeis que ainda temos muito a caminhar na estrada da evolução, dai-nos a compreensão das leis divinas. Afastai de nós o desânimo e a revolta, fazendo-nos entender que a resignação é a melhor forma de suportar as expiações que resgatam nossas faltas e as provas que nos preparam para um futuro mais feliz.

Sábado

Capítulo 6

O CRISTO CONSOLADOR

3. Se me amais, guardai os meus mandamentos. E eu rogarei ao meu Pai, e Ele vos enviará outro consolador, para que fique eternamente convosco: o Espírito de Verdade, a quem o mundo não pode receber, porque não o vê nem o conhece. Mas vós o conhecereis, porque ele ficará convosco e estará em vós. Mas o Consolador, que é o Espírito Santo, a quem meu Pai enviará em meu nome, vos ensinará todas as coisas e vos fará relembrar de tudo o que vos tenho dito (João, 14:15-17 e 26).

Instruções dos espíritos

O ADVENTO DO ESPÍRITO DE VERDADE

6. Venho instruir e consolar os pobres deserdados. Venho dizer-lhes que elevem sua resignação à altura de suas provas; que chorem, pois a dor foi consagrada no Jardim das Oliveiras; mas que confiem, pois os anjos consoladores virão enxugar suas lágrimas.

Obreiros, arai vosso campo! Recomeçai no dia seguinte a dura jornada da véspera. O trabalho das vossas mãos fornece o pão terreno aos vossos corpos, mas vossas almas não ficam relegadas ao esquecimento. Eu, o Divino Jardineiro, cultivo-as no silêncio de vossos pensamentos. Quando soar a hora do repouso, quando a trama da vida escapar de vossas mãos, e vossos olhos se fecharem para a luz, sentireis surgir e germinar em vós minha preciosa semente. Nada fica perdido no reino de nosso Pai, e vossos suores, vossas misérias, formam o tesouro que deve vos tornar ricos nas esferas superiores, onde a luz toma o lugar das trevas, e onde o mais despojado dentre vós será o mais resplandecente.

Em verdade vos digo que aqueles que carregam seus fardos e ajudam seus irmãos são meus bem-amados. Instruí-vos na magnífica doutrina espírita, que dissipa o erro de vossas revoltas e vos ensina o sublime objetivo da provação humana. Como o vento varre a poeira, que o sopro dos espíritos dissipe a inveja dos ricos do mundo, os quais, muitas vezes, são muito infelizes, pois suas provas são mais perigosas do que as vossas. Estou convosco, e meu apóstolo vos instrui. Bebei na fonte viva do amor e preparai-vos, prisioneiros da vida, para um dia vos lançar, livres e alegres, no seio d'Aquele que vos criou simples e ignorantes, para que pudésseis vos aperfeiçoar, e que deseja que vós mesmos modeleis vossa argila, a fim de serdes os artífices de vossa imortalidade (O Espírito de Verdade, Paris, 1861).

O LIVRO DOS ESPÍRITOS

626. As leis divinas e naturais só foram reveladas aos homens por Jesus? Antes dele, só tinham noção delas por intuição?

- Já não dissemos que elas estão escritas por toda parte? Desde os mais remotos séculos, todos os homens que meditaram sobre a sabedoria conseguiram compreendê-las e ensiná-las. Através dos seus ensinamentos, mesmo incompletos, eles preparam o terreno para receber a semente. Como as leis divinas estão escritas no livro da natureza, o homem delas tomou conhecimento quando quis investigá-las. Eis por que os preceitos por elas consagrados foram proclamados em todos os tempos pelos homens de bem, e é também por isso que delas encontramos elementos na doutrina moral de todos os povos saídos da barbárie, mas ainda incompletos e deturpados pela ignorância e pela superstição.

VIDA PLENA

"Lembro-me de que Deus trabalha por mim sem descanso? Meu repouso tem sido justo ou uma deserção do dever?".

PRECE

Divino Mestre, que possamos ter olhos para ver e ouvidos para ouvir as Vossas sábias advertências. Que nesta existência, na qual nos preparamos para outras, possamos começar a transformação dos nossos defeitos em virtudes, das nossas falhas em acertos, e principalmente o resgate dos nossos débitos, através da resignação e do trabalho para o próximo, na formação do nosso tesouro espiritual.

Domingo

Capítulo 7

BEM-AVENTURADOS OS POBRES DE ESPÍRITO

Instruções dos Espíritos

ORGULHO E HUMILDADE

11. Que a paz do Senhor esteja convosco, meus queridos amigos! Venho até vós para vos encorajar a seguir o bom caminho.

Aos pobres de espírito que outrora habitavam a Terra, Deus confia a missão de vir esclarecer-vos. Bendito seja Ele, pela graça que nos concede de poder ajudar no vosso aperfeiçoamento! Que o Espírito Santo me ilumine, me ajude a tornar minha palavra compreensível e me conceda a graça de propagá-la a todos! Encarnados, vós que estais em provação e buscais a luz, que a vontade de Deus venha em meu auxílio para fazê-la brilhar aos vossos olhos!

A humildade é uma virtude muito negligenciada entre vós. Os grandes exemplos que dela vos foram dados são muito pouco seguidos. No entanto, sem humildade, acaso podeis ser caridosos com o vosso próximo? Não, pois esse sentimento nivela os homens; diz-lhes que são irmãos, que devem ajudar-se mutuamente, e os conduz ao bem. Sem humildade, ostentais virtudes que não possuís, como se usásseis uma roupa para esconder as deformidades do vosso corpo. Lembrai-vos Daquele que nos salvou! Lembrai-vos de Sua humildade, que O fez tão grande e O colocou acima de todos os profetas!

O orgulho é o terrível adversário da humildade. Se o Cristo

prometia o reino dos Céus aos mais pobres, é porque os poderosos da Terra imaginam que os títulos e as riquezas são recompensas concedidas ao seu mérito, e que sua essência é mais pura que a do pobre. Acreditam que isso lhes é devido, e, quando Deus lhes retira os títulos e as riquezas, acusam-No de injustiça. Oh! Engano e cegueira! Acaso Deus vos distingue pelos corpos? O invólucro do pobre não é igual ao do rico? O Criador fez duas espécies de homens? Tudo o que Deus faz é grande e sábio. Portanto, não Lhe atribuais as idéias que vossos cérebros orgulhosos inventam.

Ó rico, enquanto dormes sob teu teto dourado, protegido do frio, não sabes que milhares de teus irmãos, iguais a ti, dormem sobre a palha? O infeliz que passa fome não é teu semelhante? Bem sei que ao ouvir isso teu orgulho se revolta. Concordarás em dar-lhe uma esmola, mas em apertar-lhe fraternalmente a mão, nunca! "O quê?", dirás tu. "Eu, descendente de sangue nobre, importante no país, ser igual a esse miserável que veste farrapos! Falsa ilusão desses pretensos filósofos! Se todos fôssemos iguais, por que Deus o teria colocado tão baixo e a mim tão alto?". É verdade que vossos trajes não se parecem em nada. Mas se ambos se despissem, que diferença haveria entre vós? "A nobreza do sangue", dirás tu. Mas a química não encontrou diferença entre o sangue do nobre e o do plebeu, entre o sangue do senhor e o do escravo. Quem te garante que tu também já não foste miserável e infeliz como ele? Que já não pediste esmolas? Que um dia não as pedirás a este, a quem hoje desprezas? Acaso as riquezas são eternas? Elas não se acabam com o corpo, que é envoltório perecível do teu espírito? Oh! Olha com humildade para ti mesmo! Abre os olhos para a realidade das coisas deste mundo, para o que leva ao engrandecimento e ao rebaixamento no outro mundo. Pensa que a morte não te poupará mais do que aos outros; que teus títulos não te livrarão dela; que ela pode golpear-te amanhã, hoje, dentro de uma hora. Mas se ficas mergulhado em teu orgulho, ah!, então eu lamento, pois serás digno de pena!

Orgulhosos! Que fostes vós antes de serdes nobres e poderosos? Talvez estivésseis mais abaixo do que o último de vossos criados. Curvai, pois, vossas frontes presunçosas! Deus pode baixá-las no momento em que mais as elevardes. Na balança divina, todos os homens são iguais. Só as virtudes os distinguem aos olhos de Deus. Todos os espíritos são da mesma essência, e todos os corpos são moldados da mesma matéria. Vossos títulos e nomes não mudam nada, ficam no túmulo, e não são eles que dão a prometida felicidade aos eleitos. Caridade e humildade são seus títulos de nobreza.

Pobre criatura! És mãe, teus filhos sofrem; estão com frio e têm fome. Vais, curvada sob o peso de tua cruz, humilhar-te para conseguir um pedaço de pão. Eu me inclino diante de ti. Como és nobremente santa e grande aos meus olhos! Confia e ora! A felicidade ainda não é deste mundo. Aos pobres oprimidos que Nele confiam, Deus concede o reino dos Céus.

E tu, jovem donzela, pobre criança entregue ao trabalho, às privações, por que esses pensamentos tristes? Por que chorar? Que teu olhar se eleve piedoso e sereno para Deus, pois aos pequenos pássaros Ele dá o alimento. Confia Nele e Ele não te abandonará. O som das festas e dos prazeres do mundo faz bater teu coração. Gostarias de enfeitar teus cabelos com flores e misturar-te aos felizes da Terra. Dizes a ti mesma que, como as mulheres que vês passar, risonhas e extravagantes, também poderias ser rica. Oh! Cala-te, criança! Se soubesses quantas lágrimas e dores inomináveis se ocultam sob essas roupas bordadas, quantos soluços são abafados pelo ruído da orquestra vibrante, preferirias o teu humilde abrigo e a tua pobreza. Permanece pura aos olhos de Deus, se não queres que teu anjo guardião volte para Ele, escondendo o rosto em suas asas brancas, e te deixe com teus remorsos, sem guia e sem amparo neste mundo, onde ficarias perdida, à espera da punição reparadora no outro mundo.

E todos vós que sofreis injustiças dos homens, sede tolerantes com as faltas de vossos irmãos, lembrando-vos de que não sois perfeitos. Isso é caridade, e humildade também. Se sofreis, vítimas de calúnias, curvai a fronte sob essa prova. Que importância têm para vós as calúnias do mundo? Se vossa conduta é correta, Deus não pode vos compensar por isso? Suportar corajosamente as humilhações dos homens é ser humilde e reconhecer que só Deus é grande e poderoso.

Ó meu Deus! Será preciso que o Cristo retorne à Terra para ensinar novamente aos homens as leis que eles esqueceram? Será que Ele terá de expulsar do templo, mais uma vez, os mercadores que desonram Vossa casa, esse lugar de oração? E quem sabe, ó homens, se não O renegaríeis outra vez, se Deus vos concedesse essa graça? Se não O chamaríeis de blasfemador por vir combater o orgulho dos modernos fariseus? Talvez até O fizésseis repetir o caminho do Gólgota.

Quando Moisés subiu ao monte Sinai para receber os mandamentos de Deus, o povo de Israel, entregue a si mesmo, esqueceu-se do verdadeiro Deus. Homens e mulheres deram ouro e jóias para a fabricação de um ídolo que passaram a adorar. Homens civilizados, agis como eles: o Cristo vos deixou Sua doutrina, deu-vos o exemplo de todas as virtudes, e negligenciastes Seus exemplos e Seus preceitos. Cada um de vós, com vossas paixões, fabricou um Deus ao vosso gosto pessoal: terrível e sanguinário para uns; preocupado com as conveniências do mundo para outros. O Deus que fabricastes continua a ser o mesmo bezerro de ouro que cada um adapta ao seu gosto e às suas idéias.

Despertai, meus irmãos, meus amigos! Que a voz dos espíritos toque vosso coração! Sede generosos e caridosos sem ostentação, ou melhor, fazei o bem com humildade! Que pouco a pouco cada um de vós destrua os altares que erguestes ao orgulho! Em resumo: sede verdadeiros cristãos, e tereis o reino da verdade! Não duvideis mais da vontade de Deus, quando Ele vos dá tantas provas dela. Viemos preparar os caminhos para que as profecias se cumpram. Quando o Senhor vos der uma demonstração mais incontestável de Sua clemência, que o enviado celeste vos encontre como uma grande família; que vossos corações bondosos e humildes sejam dignos de ouvir a palavra divina que ele virá vos trazer; que o eleito só encontre sobre seu caminho flores que nele espalhastes por vosso retorno ao bem, à caridade e à fraternidade. E então vosso mundo se transformará no paraíso terrestre. Mas, se permanecerdes insensíveis à voz dos espíritos enviados para depurar e renovar vossa sociedade civilizada, rica em ciências e, no entanto, tão pobre de bons sentimentos, ah!, nada nos restará a não ser chorar e lamentar pela vossa sorte. Mas não, isso não acontecerá! Voltai-vos a Deus, vosso Pai, e então todos nós, que tivermos ajudado no cumprimento de Sua vontade, entoaremos o cântico de ação de graças, para agradecer ao Senhor por Sua inesgotável bondade, e para glorificá-Lo por todos os séculos dos séculos. Assim seja! (Lacordaire, Constantine, 1863).

O LIVRO DOS ESPÍRITOS

804. Por que Deus não deu as mesmas aptidões a todos os homens?

- Deus criou todos os espíritos iguais, mas uns viveram mais, outros menos, e consequentemente, têm mais, ou menos habilidades; a diferença está no seu grau de experiência e na sua vontade, que é o livre-arbítrio. Daí que uns se aperfeiçoam mais rapidamente, o que lhes dá aptidões diferentes. A diversidade de aptidões é necessária, para que cada qual possa colaborar com os desígnios da Providência no limite do desenvolvimento das suas forças físicas e intelectuais: o que um não faz, o outro faz; é assim que cada um desempenha um papel útil. Depois, como todos os mundos são solidários uns com os outros, *é preciso que os habitantes dos mundos superiores e que, em sua maioria, foram criados antes do vosso, venham neste habitar para vos dar o exemplo*. (361).

Assim, a diversidade das aptidões dos homens não se deve à natureza íntima da sua criação, mas ao nível de aperfeiçoamento a que tenham chegado os espíritos neles encarnados. Deus, portanto, não criou a desigualdade das faculdades, mas permitiu que espíritos de diferentes graus de desenvolvimento estivessem em contato, a fim de que os mais adiantados pudessem auxiliar o progresso dos mais atrasados, e também para que os homens, precisando uns dos outros, compreendessem a Lei de Caridade que deve uni-los.

VIDA PLENA

"Estudo minhas dores para evitar a revolta? Controlo meus melindres, de modo que não se instalem na casa sinistra do ódio?".

PRECE

Obrigado, Senhor, pela Vossa prometida volta para consolar nossas dores morais, nos mostrar novas verdades sobre a vida e nos tranquilizar sobre os dias futuros, que para muitos de nós era obscuro e incerto! Que possamos continuar sendo dignos, Mestre, dos Vossos ensinamentos e que possamos fazer deles o principal motivo de nossa existência.

Segunda-feira

Capítulo 8

BEM-AVENTURADOS OS PUROS DE CORAÇÃO

Escândalos. Se vossa mão é motivo de escândalo, cortai-a!

11. Se alguém escandalizar um desses pequeninos que crêem em mim, seria melhor que lhe pendurassem ao pescoço uma dessas mós[1] de moinho que um asno faz girar, e o lançassem ao fundo do mar. Ai do mundo, pois é necessário que os escândalos aconteçam! Mas ai daquele por quem o escândalo venha!
Se tua mão ou teu pé são para ti motivo de escândalo, corta-os e lança-os bem longe de ti! Mais te vale entrar na vida tendo somente um pé e uma única mão do que teres dois e seres lançado no fogo eterno. E se teu olho é para ti motivo de escândalo, arranca-o também e lança-o longe de ti! Mais te vale entrar na vida com um só olho, do que teres dois e seres lançado no fogo do inferno.
Cuidai-vos, portanto, para não desprezardes um só desses pequeninos. Eu vos digo que, no Céu, seus anjos vêem incessantemente a face de meu Pai, porque o Filho do Homem veio salvar o que estava perdido (Mateus, 18:6-10).

12. No sentido comum, *escândalo* é a denominação que se dá a qualquer ação que tenta contra a moral ou a decência, de maneira ostensiva. Mas o escândalo não está na ação em si, e sim na repercussão que ela possa ter. A palavra *escândalo*

1 Mós: Pedra grande e pesada com que se trituram os grãos no moinho; espécie de moenda.

envolve sempre a idéia de um certo tumulto. Muitas pessoas limitam-se a evitar o escândalo porque seu orgulho sofreria com isso, e, consequentemente, sua reputação ficaria abalada. Desde que suas baixezas não sejam conhecidas entre os homens, dão-se por satisfeitas e ficam com a consciência tranquila. Esses são, segundo as palavras de Jesus, "os sepulcros caiados por fora, mas cheios de podridão por dentro; os vasos limpos por fora e imundos por dentro".

No sentido evangélico, o significado da palavra ***escândalo***, usada com tanta frequência, é bem mais amplo, motivo pelo qual não é compreendido em alguns casos. Escândalo não é somente o que fere a consciência alheia; é tudo que resulta dos vícios e imperfeições dos homens; toda reação má, de indivíduo para indivíduo, com ou sem repercussão. O escândalo, nesse caso, ***é o resultado efetivo do mal moral.***

13. "É inevitável que escândalos aconteçam no mundo", disse Jesus, porque os homens, sendo imperfeitos na Terra, tendem a praticar o mal, e porque árvores ruins dão maus frutos. Desse modo, deve-se entender com essas palavras que o mal é uma consequência da imperfeição dos homens, e não que exista para eles a obrigação de praticá-lo.

14. ***É inevitável que escândalos aconteçam*** também tem a seguinte conotação: estando em expiação na Terra, os homens punem-se a si mesmos pelo contato com seus próprios vícios, dos quais são as maiores vítimas e cujos inconvenientes acabam por compreender. Quando estiverem cansados de sofrer com o mal, buscarão o remédio no bem. Portanto, a reação que os vícios provocam serve de castigo para uns e de provação para outros. É assim que Deus faz surgir o bem do mal, e que os próprios homens tiram proveito das coisas ruins.

15. Sendo assim, pode-se dizer que o mal é necessário e existirá sempre, pois, se desaparecesse, Deus estaria privado de um poderoso meio para corrigir os culpados. Portanto, é inútil procurar melhorar os homens. Contudo, se não houvesse mais culpados, não haveria mais necessidade de punições. Suponhamos que a humanidade inteira se transformasse em pes-

soas de bem. Então, ninguém mais desejaria fazer mal ao próximo, e todos seriam felizes, por serem bons. Esse é o estado dos mundos adiantados, de onde o mal foi banido. Assim será o estado da Terra quando tiver progredido suficientemente.

Mas, enquanto alguns mundos evoluem, outros se formam, povoados por espíritos primitivos. Esses mundos, além de morada, servem também de exílio e de lugar de expiação para esses espíritos imperfeitos, rebeldes, obstinados no mal, e que são rejeitados nos mundos que se tornaram felizes.

16. Com estas outras palavras: "Mas ai daquele por quem o escândalo venha", Jesus quis dizer que, sendo o mal sempre o mal, aquele que mesmo sem saber serviu de instrumento para a Justiça Divina, e cujos maus instintos foram utilizados, nem por isso deixou de praticar o mal, e deve ser punido. É assim, por exemplo, que um filho ingrato é uma punição ou uma prova para o pai que o suporta e sofre com isso, porque é bem provável que esse pai também tenha sido um mau filho e esteja passando pela pena de talião.[2] Mas, nem por isso, o filho pode ser desculpado, devendo, por sua vez, ser punido por intermédio dos próprios filhos, ou de qualquer outra maneira.

17. ***Se vossa mão é motivo de escândalo, cortai-a!*** Essa é uma expressão muito forte, que seria absurda se fosse interpretada ao pé da letra. Ao utilizar essa linguagem alegórica, Jesus quis dizer simplesmente que cada um deve destruir em si tudo que dá motivo para escândalo, ou seja, o mal. E que se deve arrancar do coração todo sentimento impuro e toda tendência viciosa. Mais ainda: que mais vale ao homem ter uma mão cortada do que ver essa mão lhe servir de instrumento para uma má ação; e que é melhor ser privado da visão do que ter olhos que lhe inspiram maus pensamentos. Para todos os que percebem o sentido figurado e profundo de Suas palavras, Jesus nada disse de absurdo. Contudo, muitas coisas não podem ser compreendidas sem que se utilize a chave fornecida pelo espiritismo.

---

2 Pena de talião: Uma das mais antigas leis, em que o criminoso era punido de maneira semelhante ao mal causado à sua vítima; donde dizia-se: "Para *tal* crime, *tal* pena", vindo daí a origem da palavra *talião*.

851. Nas ocorrências da vida, existe alguma fatalidade, conforme o significado ligado a esta palavra? Ou seja, todos os acontecimentos são predeterminados? E, nesse caso, o que acontece com o livre-arbítrio?

– A fatalidade existe apenas em decorrência da escolha que, ao encarnar, o espírito fez de passar por esta ou aquela prova. Ao escolhê-la, ele traça para si uma espécie de destino de que resulta a posição em que se encontra. Refiro-me às provas físicas, pois, quanto às provas morais e às tentações, o espírito, conservando seu livre-arbítrio sobre o bem e o mal, continua a ter liberdade para ceder ou resistir. Ao vê-lo fraquejar, um bom espírito pode vir em seu auxílio, mas não pode influenciá-lo de modo a dominar sua vontade. Um espírito mau, isto é, inferior, mostrando-lhe, exagerando as proporções de um perigo físico, pode abalá-lo e assustá-lo. Mas, nem por isso, a vontade do espírito encarnado deixa de continuar livre.

VIDA PLENA

"Tenho sido intolerante nas situações críticas? Tenho me preparado para os problemas difíceis que sempre me surpreendem?".

PRECE

Senhor, que as nossas ações errôneas possam ser corrigidas e, para isso, pedimos a Vós forças para sermos humildes e que tenhamos boa vontade para reaprender as lições nas quais falhamos.

Terça-feira

Capítulo 9
BEM-AVENTURADOS OS MANSOS E PACÍFICOS

A CÓLERA

9. O orgulho leva a vos julgardes maiores do que realmente sois; a não suportardes uma comparação que possa vos rebaixar; a vos considerardes tão acima de vossos irmãos em inteligência, em posição social, ou mesmo em atributos pessoais, que a menor comparação vos irrita e vos ofende. Mas, o que acontece realmente? O que acontece é que vos deixais dominar pela cólera.

Procurai a origem desses devaneios passageiros que vos igualam aos irracionais, fazendo-vos perder a calma e a razão, e certamente encontrareis sua origem no orgulho ferido. Não é o orgulho ferido por uma opinião contrariada que vos faz desprezar as observações justas? Não é ele que vos faz repelir com raiva os sábios conselhos? A própria falta de paciência que leva às contrariedades fúteis é decorrente do excesso de importância que atribuís à vossa personalidade, diante da qual julgais que todos devem se curvar.

Em sua impaciência, o homem colérico põe a culpa em tudo: nos animais e até nos objetos inanimados, os quais destrói porque não lhe obedecem. Ah! Se nesses momentos ele pudesse se observar com calma, teria medo de si próprio, ou se acharia ridículo! Que julgue, então, a impressão que deve causar aos outros! Ainda que fosse apenas por respeito a si mesmo, deveria esforçar-se para vencer essa tendência que faz dele objeto de piedade. Se conseguisse perceber que a cólera não ajuda em nada, que lhe perturba a saúde e lhe compromete até mesmo a vida, veria que a maior vítima é ele mesmo. Além disso, deveria perceber uma outra consequência: a de que torna infelizes todos os que o rodeiam. Se tiver coração, não sentirá remorsos por fazer sofrer as criaturas que mais ama? E que arrependimento terrível sentirá se, num acesso de cólera, cometer um ato do qual venha a se sentir culpado por toda a vida!

Resumindo: a cólera não exclui certas qualidades do coração, mas nos impede de fazer muitas coisas boas, e pode nos levar a fazer muitas coisas ruins. Isso deve bastar para que nos esforcemos por dominá-la. Além do mais, o espírita tem um outro motivo a incentivá-lo: é que a cólera é contrária à caridade e à humildade cristãs. (UM ESPÍRITO PROTETOR, Bordéus, 1863).

O LIVRO DOS ESPÍRITOS

903. É errado observar os defeitos alheios?

– Se for para criticá-los e divulgá-los, é um ato condenável, porque é faltar com a caridade; se for para beneficiar-se com eles, evitando-os pessoalmente, isso às vezes pode ser útil. Não se deve esquecer, porém, que a indulgência para com os defeitos alheios é uma das virtudes abrangidas pela caridade. Antes de censurar os outros por suas imperfeições, vede se não se pode dizer o mesmo de vós. Tratai, pois, de possuir qualidades opostas aos defeitos que criticais nos outros; esse é o meio de vos tornardes superiores. Se censurais alguém por ser avarento, sede generosos; por ser orgulhoso, sede humildes e modestos; por ser impiedoso, sede meigos; por agir com mesquinharia, sede grandes em todos os vossos atos. Em resumo, fazei com que não se possam aplicar a vós estas palavras de Jesus: "Vê uma palha no olho do seu vizinho, e não vê uma trave no seu".

VIDA PLENA

"Quando me encolerizo, percebo que me torno inquisidor da própria alma?".

PRECE

Senhor, fazei com que nos momentos de desequilíbrio interno possamos lembrar dos inconvenientes das reações agressivas, da pouca utilidade da raiva, do rancor e do revide. Que a lembrança da Vossa sublime lição das bem-aventuranças possa brotar em nossas mentes e anular, com a nossa vontade, os sentimentos negativos que nos afastam da humildade e da caridade.

Quarta-feira

Capítulo 10
BEM-AVENTURADOS OS MISERICORDIOSOS

Não julgueis para não serdes julgados. Aquele que estiver sem pecado, atire a primeira pedra!

11. Não julgueis para não serdes julgados, pois sereis julgados conforme houverdes julgado os outros, e será usada convosco a mesma medida que tenhais usado com os outros (Mateus, 7:1 e 2).

12. Então, os escribas e os fariseus levaram-Lhe uma mulher que fora surpreendida em adultério e, fazendo-a ficar de pé no meio do povo, disseram a Jesus: "Mestre, esta mulher acaba de ser apanhada em adultério. Moisés nos ordena na Lei que apedrejemos as adúlteras. Qual é o vosso parecer?". Eles diziam isso a Jesus para tentá-Lo, a fim de terem do que acusá-Lo. Mas Jesus, abaixando-Se, pôs-Se a escrever na terra com o dedo. Como continuassem a interrogá-Lo, Ele Se levantou e lhes disse: "Atire a primeira pedra, quem estiver sem pecado!". Depois, abaixando-Se novamente, continuou a escrever na terra. Ouvindo-O falar assim, eles se retiraram um após o outro, saindo primeiro os idosos. E assim, Jesus ficou sozinho com a mulher que estava no meio da praça. Então, levantando-Se de novo, perguntou-lhe: "Mulher, onde estão os vossos acusadores? Ninguém vos condenou?". E ela respondeu: "Não, Senhor". E Jesus lhe disse: "Eu também não vos condenarei. Ide, e não pequeis mais!" (João, 8:3-

11).

13. "Atire a primeira pedra, quem estiver sem pecado", disse Jesus. Essa lição faz da tolerância um dever para todos nós, porque não existe ninguém que não precise dela para si mesmo. Essa lição nos ensina que não devemos julgar os outros mais severamente do que julgamos a nós mesmos, nem devemos condenar nos outros o que desculpamos em nós. Antes de censurar alguém por uma falta, vejamos se a mesma reprovação não pode recair sobre nós.

A censura feita à conduta dos outros pode ter dois objetivos: reprimir o mal ou desacreditar a pessoa cujos atos reprovamos. Este último motivo jamais tem desculpa, pois não passa de maledicência e maldade. O primeiro pode ser louvável e, em certos casos, é até um dever, porque dele pode resultar um benefício e porque sem isso o mal nunca será reprimido na sociedade. Além do mais, o homem não tem o dever de ajudar na evolução de seu semelhante? O princípio ***Não julgueis para não serdes julgados*** não deveria, portanto, ser tomado ao pé da letra, pois a letra mata e o espírito vivifica.

Jesus não poderia proibir que se reprovasse o que está errado, pois Ele mesmo deu exemplo disso, e o fez com palavras enérgicas. Ele quis dizer que a importância da recriminação deve ser proporcional à autoridade moral daquele que a pronuncia. Se nos sentimos culpados por cometer os erros que condenamos nos outros, não temos autoridade nem direito de reprimir ninguém. De resto, a consciência íntima rejeita todo respeito e obediência voluntária àquele que, estando investido de poder, viola as leis e os princípios que está encarregado de aplicar. Aos olhos de Deus, a única autoridade legítima é a que se apóia no próprio exemplo que dá do bem. É isso que as palavras de Jesus querem dizer.

O LIVRO DOS ESPÍRITOS

919a. Continuação da resposta sobre "o conhecimento de si mesmo":

(...) Portanto, o conhecimento de si mesmo é a chave do aperfeiçoamento individual. Mas, replicareis, como é possível alguém julgar-se? Não se tem a ilusão do amor-próprio, que atenua as faltas e as desculpa? O avarento simplesmente acha

que é econômico e previdente; o orgulhoso acha que o que tem é dignidade, não orgulho. Isso até pode ser verdade, mas tendes um meio de controle que não pode vos enganar. Quando estiverdes indecisos sobre o mérito de uma de vossas ações, perguntai-vos como a qualificaríeis se outra pessoa a tivesse praticado; se a reprovais em outros, ela não poderia ser mais justificada em vós, pois Deus não tem duas medidas para a justiça. Procurai saber também o que os outros pensam sobre ela, e não desprezeis a opinião dos vossos inimigos, porque eles não têm o menor interesse em encobrir a verdade, e muitas vezes Deus os coloca ao vosso lado como um espelho, para advertir-vos com mais franqueza do que um amigo o faria. Que aquele que tem o desejo sincero de melhorar-se explore, pois, sua consciência, a fim de arrancar de si as más tendências, como arranca as ervas daninhas do seu jardim; que faça o balanço da sua jornada moral como o comerciante faz o de suas perdas e lucros, e garanto-vos que as primeiras serão maiores do que os lucros. Se puder dizer que seu dia foi bom, conseguirá dormir em paz e aguardar sem temor o despertar na outra vida.

Fazei-vos, portanto, perguntas claras e precisas e não tenhais medo de multiplicá-las: pode-se perfeitamente gastar alguns minutos para conquistar uma felicidade eterna. Não trabalhais todos os dias pensando em juntar o necessário para garantir-vos o repouso na velhice? Esse repouso não é o objeto de todos os vossos desejos, o propósito que vos faz suportar fadigas e privações momentâneas? Pois bem! Que é esse repouso de alguns dias, interrompido pelas enfermidades do corpo, comparado ao que espera o homem de bem? Por este, não vale a pena fazer algum esforço? Sei que muitos dizem que o presente é certo e o futuro, duvidoso. Ora, esta é exatamente a idéia que estamos encarregados de extinguir em vós, porque queremos fazer-vos compreender esse futuro de modo a que não reste nenhuma dúvida em vossa alma. Por isso, primeiro chamamos vossa atenção através de fenômenos capazes de impressionar-vos os sentidos, e agora vos damos instruções que cada um de vós fica encarregado de propagar. Foi com esse objetivo que ditamos O Livro dos Espíritos.

Santo Agostinho

Muitas das faltas que cometemos nos passam despercebidas; se, na verdade, seguindo o conselho de Santo Agostinho, interrogássemos mais frequentemente nossa consciência, veríamos quantas vezes erramos sem percebê-lo, por não examinarmos a natureza e a causa dos nossos atos. O método interrogativo tem algo de mais definitivo do que a máxima ***Conhece-te a ti mesmo***, que muitas vezes não colocamos em prática. Ele exige respostas categóricas, um sim, ou um não, que não permitem alternativas, nem argumentos pessoais; e, pela soma das respostas, podemos calcular a soma do bem e do mal que existe em nós.

VIDA PLENA

"Reconheço perfeitamente as lições do meu caminho? Pratico os bons ensinamentos que conheço?".

PRECE

Senhor, não permitais que os nossos erros sejam imitados pelos nossos semelhantes. Ao contrário, que eles possam ter a oportunidade de nos ver reconhecendo os erros que cometemos, e principalmente praticando atos que sejam dignos de recomeçar as tarefas que não soubemos executar.

Quinta-feira

Capítulo II

AMAR AO PRÓXIMO COMO A SI MESMO

Instruções dos espíritos

A LEI DO AMOR

10. Meus caros companheiros de estudo, os espíritos aqui presentes vos dizem por minha voz: "Amai muito, para serdes amados". Esse pensamento é tão justo que encontrareis nele tudo o que consola e ameniza as penas de cada dia. E mais: ao colocar em prática esse sábio princípio, vos elevareis de tal forma acima da matéria que vos espiritualizareis antes de deixardes vosso invólucro terrestre. Tendo os estudos espíritas desenvolvido em vós a compreensão do futuro, tende uma certeza: a de que continuais caminhando em direção a Deus, com todas as promessas que respondem às aspirações de vossa alma. Assim, deveis subir alto o suficiente para julgar sem as pressões da matéria, e então não condenar vosso próximo sem antes ter dirigido vosso pensamento a Deus.

Amar, no sentido profundo da palavra, é ser leal, honesto, consciencioso, e fazer aos outros o que desejaríamos para nós. É procurar em torno de si o sentido íntimo de todas as dores que atormentam nossos irmãos, a fim de levar-lhes alívio. É considerar a grande família humana como se fosse a vossa, pois voltareis a encontrá-la um dia em mundos mais adiantados, já que os espíritos que a compõem são, como vós, filhos de Deus, predestinados a elevar-se ao Infinito. Por isso é que não podeis recusar aos vossos irmãos o que Deus generosamente vos deu, pois vós também ficaríeis felizes se vossos irmãos vos dessem aquilo de que tivésseis necessidade. Dai, pois, a todos os sofredores uma palavra de esperança e de apoio, para serdes só amor e justiça.

Acreditai que estas sábias palavras: "Amai muito, para serdes amados" seguirão o seu curso. Essa máxima é revolucionária, e segue uma rota firme e invariável. Mas vós, que me escutais, já progredistes. Sois hoje infinitamente melhores do que há cem anos. Mudastes de tal modo para melhor que aceitais, sem pôr em dúvida, uma série de novas idéias sobre liberdade e fraternidade que outrora teríeis rejeitado. Então, daqui a cem anos, aceitareis com a mesma facilidade idéias que ainda não puderam ser assimiladas por vossa mente.

Hoje, quando o movimento espírita deu um grande passo, vede com que rapidez as idéias de justiça e de renovação, contidas nas mensagens dos espíritos, são aceitas por boa parte do mundo inteligente. É que essas idéias refletem tudo o que há de divino em vós. É que estais preparados por uma semeadura abundante: a do último século, que implantou na sociedade as grandes idéias de progresso. E, como tudo se encadeia sob a direção do Altíssimo, todas as lições recebidas e assimiladas resultaram na mudança universal do amor ao próximo. Graças a ela, refletindo melhor e sentindo-se unidos como irmãos, os espíritos encarnados se darão as mãos para se escutarem, se entenderem e se amarem, acabando finalmente com todas as injustiças e discórdias existentes entre os povos, em todos os confins do vosso planeta.

Esse grande propósito de renovação pelo espiritismo, tão bem exposto em ***O Livro dos Espíritos,*** produzirá o imenso milagre do próximo século, que é a união de todos os interesses materiais e espirituais dos homens, pela aplicação desta máxima ***Amai muito, para serdes amados.*** (SANSÃO, antigo membro da Sociedade Espírita de Paris, 1863).

O LIVRO DOS ESPÍRITOS

876. Deixando de lado o direito consagrado pela lei humana, qual é a base da justiça fundada na lei natural?

- O Cristo vos disse: "Querer para os outros o que deseja-

ríeis para vós mesmos". Com o desejo que cada um tem de ver seus direitos respeitados, Deus pôs no coração do homem a regra de toda verdadeira justiça. Na dúvida sobre o que fazer com relação ao seu semelhante em determinada circunstância, que o homem se pergunte como gostaria de ser tratado em circunstância idêntica: Deus não poderia dar-lhe um guia mais infalível do que sua própria consciência.

Efetivamente, o critério da verdadeira justiça é querer para os outros o que se desejaria para si mesmo, e não querer para si o que se desejaria para os outros, o que absolutamente não é a mesma coisa. Como não é natural desejarmos nosso próprio mal, ao tomarmos nosso desejo pessoal como exemplo ou ponto de partida, estaremos sempre certos de desejar somente o bem para nosso próximo. Em todas as épocas e em todas as crenças o homem sempre procurou fazer prevalecer seu direito pessoal. ***A sublimidade da religião cristã foi tomar o direito pessoal como base para o direito do próximo.***

VIDA PLENA

"Tenho sido bom e chamado a bondade alheia ao meu encontro?".

PRECE

Bons espíritos, vós que zelais pelo nosso sucesso nas provas terrenas, inspirai-nos sempre o sentimento de perdão e de justiça, porque sabemos que, somente assim, aprenderemos a amar ao próximo como a nós mesmos.

Sexta-feira

Capítulo 12
AMAI OS VOSSOS INIMIGOS

Se alguém vos bater na face direita, apresentai-lhe também a outra

> 7. Sabeis que foi dito: "Olho por olho, dente por dente". Porém, eu vos digo que não deveis resistir ao mal que vos querem fazer; mas, se alguém vos bateu na face direita, apresentai-lhe também a outra. E se alguém quiser demandar contra vós para tomar vossa túnica, dai-lhe também o vosso manto; e se alguém quiser vos obrigar a dar mil passos com ele, andai mais dois mil. Dai àquele que vos pede, e não afasteis quem quer vos tomar um empréstimo (Mateus, 5:38-42).

8. Os preconceitos do mundo a respeito do que se convencionou chamar de ponto de honra geram melindres originários do orgulho e da exaltação da personalidade que levam o homem a retribuir injúria com injúria, ofensa com ofensa. Para aqueles cujo senso moral não está acima das paixões terrenas, atitudes como essas parecem perfeitamente justas. Eis a razão pela qual a lei mosaica dizia: "Olho por olho, dente por dente"; lei que era adequada ao tempo em que Moisés vivia. Mas veio o Cristo e disse: "Pagai o mal com o bem". E disse mais: "Não resistais ao mal que vos querem fazer. Se alguém vos bater numa face, apresentai-lhe também a outra". Para o orgulhoso, esse ensinamento parece uma covardia, pois ele não compreende que há

mais coragem em suportar um insulto do que em se vingar. Isso acontece porque sua visão se limita apenas ao presente.

Mas será que devemos tomar esse ensinamento ao pé da letra? Não! Como também não devemos tomar ao pé da letra a máxima que manda arrancar o olho, se ele for motivo de escândalo, pois se interpretássemos literalmente esses dois preceitos estaríamos condenando a repressão, ainda que ela fosse legal, e deixaríamos o campo livre para os maus, que não precisariam ter medo de nada. Desse modo, se não reprimirmos a agressão dos maus, logo todos os bons se tornarão vítimas deles. O próprio instinto de conservação, que é uma lei da natureza, diz que não se deve oferecer de boa vontade o pescoço ao assassino.

Por essas palavras, Jesus não quis proibir a defesa, e sim *condenar a vingança*. Ao sugerir que devemos oferecer uma face quando a outra for golpeada, Ele quis dizer, de forma alegórica, que não se deve pagar o mal com o mal; que o homem deve aceitar com humildade o que tende a abater-lhe o orgulho; que é melhor ser enganado do que enganar, e ser prejudicado do que prejudicar os outros. Por conseguinte, podemos concluir que Jesus também condena o duelo, que nada mais é do que uma manifestação do orgulho. Só a fé na vida futura e na justiça de Deus, que jamais deixa o mal impune, pode nos dar forças para suportar pacientemente as investidas feitas contra nossos interesses e nosso amor-próprio. Eis por que vos dizemos sempre: "Olhai para o futuro! Quanto mais vos elevardes pelo pensamento, acima da vida material, menos sereis magoados pelas coisas da Terra".

O LIVRO DOS ESPÍRITOS

291. Além da simpatia comum, por afinidade, há entre os espíritos afeições especiais?

- Sim, como entre os homens; mas, na ausência do corpo, o laço que une os espíritos é mais forte, uma vez que esse laço não fica mais exposto às vicissitudes das paixões.

292. Existem ódios e rancores entre os espíritos?

- Só entre os espíritos impuros, e são eles que insuflam entre vós as inimizades e as divergências.

293. Dois seres que foram inimigos na Terra continuarão com seus ressentimentos recíprocos no mundo dos espíritos?

- Não; compreenderão que seu ódio era tolo, e o motivo, pueril. Só os espíritos imperfeitos conservam uma espécie de animosidade, até que se tenham depurado. Se o que os separou foi apenas um interesse material, não pensarão mais nisso, por menos desmaterializados que estejam. Tendo deixado de existir o motivo de disputa, se não houver antipatia entre eles, podem tornar a ver-se com prazer.

Como dois colegiais que chegaram à idade da razão, reconhecem a criancice das brigas que tiveram na infância e deixam de se detestar.

VIDA PLENA

"Interpreto o adversário como portador do meu equilíbrio? Não necessito de alguém que indique os meus erros?".

PRECE

Mestre Jesus, Vós que, como ninguém, mostraste a nós como devemos amar nossos inimigos, despertai-nos para a tolerância e para o perdão, para que assim possamos aceitar aqueles a quem frequentemente desprezamos e também evitar que igualmente sejamos motivo de rancor e de desprezo.

Sábado

Capítulo 13

QUE VOSSA MÃO ESQUERDA NÃO SAIBA O QUE FAZ VOSSA MÃO DIREITA (I)

Convidar os pobres e aleijados

> 7. Disse Jesus também àquele que O convidara: "Quando derdes um banquete, não convideis vossos amigos, nem vossos parentes, nem vossos vizinhos que forem ricos, para que não suceda que eles, por sua vez, vos convidem em seguida, e assim retribuam o que de vós receberam. Mas quando derdes um festim, convidai os pobres, os aleijados, os coxos e os cegos. E ficareis felizes por não terem eles meios para vos retribuir; pois isso vos será retribuído na ressurreição dos justos".
> Um dos que se achavam à mesa, tendo ouvido essas palavras, disse-Lhe: "Feliz daquele que comer do pão do reino de Deus!" (Lucas, 14:12-15).

8. "Quando derdes um banquete", disse Jesus, "não convideis vossos amigos, mas os pobres e os aleijados". Essas palavras, que parecem absurdas se interpretadas ao pé da letra, são sublimes se lhes buscarmos a intenção. Jesus não pode ter querido dizer que, em lugar dos amigos, deve-se reunir à mesa os mendigos da rua. Sua linguagem era quase sempre alegórica, pois, para homens incapazes de compreender as delicadas sutilezas do pensamento, era preciso imagens fortes que produzissem um efeito semelhante ao das cores berrantes. A profundidade do pensamento de Jesus se revela nestas palavras: "Ficareis felizes

por não terem eles meios para vos retribuir". É o mesmo que dizer que não se deve fazer o bem visando a uma retribuição, mas pelo simples prazer de fazê-lo. Para fazer uma comparação que impressionasse, Ele diz: "Convidai para vossos festins os pobres, pois sabeis que estes não poderão vos retribuir"; e, por *festins*, deve-se entender não a refeição propriamente dita, mas a participação na abundância de que desfrutais.

Contudo, essas palavras também podem ser aplicadas num sentido mais literal. Quantas pessoas só convidam à sua mesa aqueles que podem lhes dar a honra de comparecer, ou que, por sua vez, podem retribuir-lhes o convite! Outras, ao contrário, sentem satisfação em receber seus parentes e amigos menos afortunados. E quem não os tem? Às vezes, essa é uma forma de prestar-lhes um grande favor, sem demonstrá-lo. Pessoas assim, sem sair recrutando cegos e aleijados, praticam o que Jesus ensinou, se o fazem por benevolência e sem ostentação, conseguindo, com sua sincera cordialidade, fazer com que não se perceba sua boa ação.

O LIVRO DOS ESPÍRITOS

929. Há pessoas que, desprovidas de recursos, embora em torno delas reine a abundância, só têm a morte como perspectiva; que decisão devem tomar? Devem deixar-se morrer de fome?

- Jamais alguém deve pensar em deixar-se morrer de fome; sempre haverá um meio de alimentar-se, se o orgulho não se interpuser entre a necessidade e o trabalho. Muitas vezes dizemos:"Não há trabalho degradante. O que desonra não é a profissão. Dizemos isso quanto aos outros, não com relação a nós.

930. É evidente que, sem os preconceitos sociais pelos quais nos deixamos dominar, sempre encontraríamos um trabalho qualquer que pudesse nos ajudar a viver, desde que abdicássemos da nossa posição. Mas, entre pessoas que não têm preconceitos, ou que os põem de lado, há as que se vêem impossibilitadas de prover às suas necessidades, em consequência de doenças ou por outras causas independentes da sua vontade?

- ***Numa sociedade organizada segundo a Lei do Cristo, ninguém deve morrer de fome.***

Com uma organização social sensata e previdente, o homem só passará necessidade por sua própria culpa; mas suas faltas muitas vezes são resultado do meio em que vive. Quando praticar a Lei de Deus, o homem terá uma ordem social fundada na justiça e na solidariedade, e ele próprio será melhor. (793)

VIDA PLENA

"Habituo-me à serenidade e à fortaleza? Sei que, sem essas conquistas, dificilmente sarei do vaivém das reencarnações inferiores?".

PRECE

Amado Pai, que as Vossas leis sábias e generosas sejam sempre para nós um roteiro de vida na Terra e na vida espiritual. Pedimos isso porque sabemos que todos os males que encontramos neste mundo é o resultado da nossa ignorância e, sobretudo, do descuido que temos com as normas que criaste para sermos felizes.

Domingo

Capítulo 13

QUE VOSSA MÃO ESQUERDA NÃO SAIBA O QUE FAZ VOSSA MÃO DIREITA (II)

INSTRUÇÕES DOS ESPÍRITOS

A CARIDADE MATERIAL E A CARIDADE MORAL

9. ***Amemo-nos uns aos outros e façamos aos outros o que gostaríamos que nos fizessem.*** Toda a religião e toda a moral estão contidas nesses dois ensinamentos. Se eles fossem seguidos aqui na Terra, seríeis perfeitos, sem ódio, sem conflitos. E ainda diria mais: sem pobreza, pois com o que sobrasse da mesa do rico, muitos pobres se alimentariam, e não veríeis mais, nos bairros sombrios onde vivi durante minha última encarnação, pobres mulheres arrastando consigo crianças miseráveis, carentes de tudo.

Ricos! Pensai um pouco nisso. Ajudai os infelizes, da melhor forma possível. Dai, para que Deus um dia vos recompense pelo bem que tiverdes feito; para que, ao sair de vosso invólucro terreno, encontreis um cortejo de espíritos agradecidos, que vos receberão no limiar de um mundo mais feliz.

Se pudésseis presenciar a alegria que senti ao reencontrar lá em cima aqueles a quem pude ajudar em minha última existência!...

Amai, pois, o vosso próximo. Amai-o como a vós mesmos, porque o infeliz que repelis agora talvez possa ser um irmão, um pai, um amigo que afastais para longe de vós. E então qual não será o vosso desespero ao reconhecê-lo no mundo dos espíritos!

Espero que compreendais bem o que pode ser a *caridade moral,* aquela que todos podem praticar, que não *custa nada* materialmente, e que, no entanto, é a mais difícil de se pôr em prática.

A caridade moral consiste em tolerar-se mutuamente. E isso é o que menos fazeis, nesse mundo inferior onde estais encarnados agora. Crede em mim, há um grande mérito em saber calar-se para deixar que outro mais tolo fale. E é também uma forma de caridade saber fazer-se de surdo quando uma palavra irônica escapa de uma boca habituada a zombar; não ver o sorriso desdenhoso que vos recepciona ao entrar na casa de pessoas que, muitas vezes sem razão, se julgam superiores a vós, enquanto na vida espiritual, que é ***a única real,*** estão bem longe disso. Eis um mérito, não pela humildade, mas pela caridade, pois não reparar nos defeitos dos outros é colocar em prática a caridade moral.

Entretanto, essa caridade não deve impedir a outra. Pensai, sobretudo, em não menosprezar vosso semelhante. Não vos esqueçais de tudo o que eu já vos disse. É preciso lembrar-se sempre de que o pobre que rejeitais talvez seja um espírito que vos foi caro e que se encontra, momentaneamente, numa posição inferior à vossa. Eu reencontrei um dos pobres de vossa Terra, a quem pude, por felicidade, ajudar algumas vezes e a quem agora me cabe ***implorar.***

Lembrai-vos de que Jesus disse que somos irmãos, e pensai sempre nisso antes de afastar o leproso ou o mendigo. Adeus! Pensai naqueles que sofrem e orai! (Irmã Rosália, Paris, 1860).

O LIVRO DOS ESPÍRITOS

897. Quem faz o bem, não visando a uma recompensa na Terra, mas na esperança de que lhe será levado em consideração na outra vida, e de que por isso sua situação lá seja melhor, é censurável? E esse pensamento prejudica-lhe o progresso?

- Deve-se fazer o bem por caridade, ou seja, desinteressadamente.

897a. No entanto, todos têm o desejo muito natural de progredir para sair da difícil condição desta vida; os próprios espíritos nos ensinam a praticar o bem com esse objetivo. Então, será um erro pensar que fazendo o bem se pode esperar um futuro melhor do que na Terra?

- Certamente não. Mas, quem faz o bem sem segundas intenções, e pelo simples prazer de ser agradável a Deus e ao seu próximo que esteja sofrendo, já está num determinado grau de adiantamento que lhe permitirá alcançar a felicidade bem mais cedo do que seu irmão que, mais materialista, faz o bem calculadamente, e não levado por um impulso natural do coração.

897b. Não se deve, aqui, fazer uma distinção entre o bem que podemos fazer ao nosso próximo e a preocupação que temos em corrigir-nos de nossos defeitos? Admitimos que fazer o bem com a idéia de que nos será levado em conta na outra vida é pouco meritório; mas corrigir-nos, dominar nossas paixões, melhorar nosso caráter com o intuito de nos aproximar dos bons espíritos e nos elevar, será também sinal de inferioridade?

- Não, não; por fazer o bem, queremos dizer ser caridoso. Quem calcula o que cada boa ação pode render-lhe na vida futura, como também na vida terrestre, age como um egoísta; mas não há qualquer egoísmo em melhorar-se com o propósito de aproximar-se de Deus, pois é este o fim a que todos devem aspirar.

VIDA PLENA

"Meu ideal superior, objeto de admiração, corporifica-se em meus caminhos?".

PRECE

Espíritos superiores, mostrai-nos os caminhos seguros da evolução espiritual. Vós que sois mais experientes e que já passaram por todas as provas que hoje nos incomodam, dai-nos forças e sabedoria para que possamos agir com menos interesse pessoal e mais vontade de servir a Deus e ao próximo.

Segunda-feira

Capítulo 14
HONRAI VOSSO PAI E VOSSA MÃE (I)

Instruções dos espíritos
A INGRATIDÃO DOS FILHOS E OS LAÇOS DE FAMÍLIA

9. A ingratidão é um dos frutos mais imediatos do egoísmo, e sempre revolta os corações honestos. Mas a ingratidão dos filhos em relação aos pais tem um caráter ainda mais odioso. É especialmente sob esse ponto de vista que iremos examiná-la, a fim de analisar-lhe as causas e os efeitos. Nessa questão, como em todas as outras, o espiritismo vem lançar uma luz sobre um dos problemas do coração humano.

Quando o espírito deixa a Terra, leva consigo as paixões ou as virtudes inerentes à sua natureza moral, e vai para o Espaço, aperfeiçoando-se ou ficando estacionário, até que deseje esclarecer-se. Muitos partem levando consigo ódios intensos e desejos de vingança não satisfeitos. Mas, para alguns destes, mais adiantados do que os outros, é permitido entrever uma pontinha da verdade, e, então, ao reconhecerem as consequências desastrosas de suas paixões, tomam boas resoluções e compreendem que, para chegar a Deus, existe uma única senha: ***a caridade***. Acontece que não há caridade sem o esquecimento das ofensas e das injúrias; não há caridade com ódio no coração, e sem perdão. Por isso, com grande esforço, observam aqueles a quem odiaram na Terra, mas, ao vê-los, o rancor desperta e se revoltam diante da idéia de ter que perdoar e, principalmente, amar aos que lhes destruíram a fortuna, a honra e a família. O coração desses infelizes fica abalado: eles hesitam, vacilam, agitados por sentimentos contraditórios. Se a boa resolução prevalece, oram a Deus, imploram aos bons espíritos que lhes dêem forças no momento mais decisivo da prova.

Finalmente, depois de alguns anos de meditação e prece, ele se aproveita de um corpo que está sendo preparado na família daquele a quem detestou, e pede aos espíritos encarregados de transmitir as ordens superiores permissão para cumprir na Terra os destinos desse corpo que acaba de se formar. Qual será então sua conduta naquela família? Tudo dependerá da maior ou menor persistência de suas boas resoluções. O contato permanente com seres que odiou é uma prova terrível, sob a qual muitas vezes sucumbe, se sua vontade não for suficientemente forte. Assim, conforme a boa ou a má resolução que prevaleça, ele será amigo ou inimigo daqueles em cujo meio lhe está determinado viver. Dessa forma é que se explicam os ódios e as antipatias instintivas que se observam em algumas crianças, e que nenhum ato anterior parece justificar. Na verdade, nada houve nesta nova existência para provocar tal comportamento. Para compreender o que acontece, é preciso voltar os olhos para o passado.

Espíritas, agora que compreendeis o grande papel da humanidade, procurai entender que quando se gera um corpo a alma que nele reencarna vem do Espaço para progredir. Procurai saber quais são os vossos deveres, e dedicai todo o vosso amor a essa alma de Deus. Esta é a missão que vos é confiada, e pela qual sereis recompensados se a cumprirdes fielmente. Vossos cuidados, a educação que lhe dareis, contribuirão para o seu aperfeiçoamento e o seu bem-estar futuro. Lembrai-vos de que, a cada pai e a cada mãe, Deus perguntará: "Que fizestes da criança cuja guarda vos foi confiada?". Se, por vossa culpa, ela continuar atrasada, vosso castigo será vê-la entre os espíritos sofredores, pois dependia de vós a sua felicidade. Então, atormentados pelo remorso, pedireis para reparar essa falta, solicitando uma nova encarnação para vós e para ela, na qual a cercareis de melhores cuidados, e ela, cheia de reconhecimento, vos retribuirá com amor.

Não rejeiteis, pois, o filho que ainda pequeno repele a mãe, nem aquele que vos paga com ingratidão. Não foi o acaso que o fez assim, tampouco ele vos foi enviado pelo acaso. É uma vaga intuição do passado que começa a revelar-se, e então podeis deduzir que um de vós já odiou muito o outro, ou foi muito ofendido; que um de vós veio para perdoar, ou para expiar. Mães, abraçai o filho que vos magoa, e dizei a vós mesmas: "Um de nós dois foi culpado!". Fazei por merecer as diversas alegrias que Deus concede à maternidade, ensinando a essa criança que ela está na Terra para aperfeiçoar-se, para amar e abençoar. Infelizmente, ao invés de eliminar pela educação os maus princípios inatos, provenientes de existências anteriores, muitas dentre vós alimentam e desenvolvem esses princípios, por displicência ou por fraqueza. Então, mais tarde, vosso coração amargurado pela ingratidão dos vossos filhos será, já na vida presente, o começo de vossa expiação.

A tarefa não é tão difícil quanto poderíeis imaginar. Ela não exige instrução superior. Tanto o inculto como o sábio podem desempenhá-la, e o espiritismo vem facilitá-la, ao mostrar as causas das imperfeições da alma humana.

O LIVRO DOS ESPÍRITOS

203. Os pais transmitem aos filhos uma porção de sua alma, ou limitam-se a dar-lhes a vida animal a que, mais tarde, uma nova alma vem agregar a vida moral?

- Só lhes dão a vida animal, pois a alma é indivisível. Um pai ignorante pode ter filhos inteligentes, e vice-versa.

204. Uma vez que tenhamos tido várias existências, o parentesco tem origem antes da nossa existência atual?

- Não pode ser de outra forma. A sucessão das existências corporais estabelece entre os espíritos laços que remontam às vossas existências anteriores; daí, muitas vezes, a causa da afinidade entre vós e certos espíritos que vos parecem estranhos.

VIDA PLENA

"Já parei para pensar que meu lar constitui cadinho redentor de almas mutuamente endividadas?".

PRECE

Senhor, que os nossos esforços para aprender a prática do perdão e da caridade para com os nossos desafetos seja primeiro observados entre os nossos familiares, pois sabemos que eles são os nossos principais credores no campo da compreensão e do amor.

Terça-feira

Capítulo 14

HONRAI VOSSO PAI E VOSSA MÃE (II)

Instruções dos espíritos

A INGRATIDÃO DOS FILHOS E OS LAÇOS DE FAMÍLIA

9. (...) Ainda no berço, a criança manifesta os instintos bons ou maus que traz de sua existência anterior. É preciso esforçar-se para educá-los. Todos os males têm sua origem no egoísmo e no orgulho. Ficai atentos, pois, aos mínimos sinais que possam revelar a semente desses vícios, e empenhai-vos em combatê-los, não esperando até que criem raízes profundas. Fazei como o bom jardineiro, que arranca os brotos daninhos prejudiciais ao bom desenvolvimento da planta, logo que eles aparecem. Portanto, se deixardes o egoísmo e o orgulho se desenvolverem, não vos espanteis mais tarde se os filhos vos retribuírem com a ingratidão. Mas, quando os pais fizeram tudo o que podiam para o aperfeiçoamento moral dos filhos, e, apesar disso, não obtiveram êxito, sua consciência poderá ficar tranquila, pois, para compensar o desgosto pelo insucesso de seus esforços, Deus lhes reserva uma grande consolação, dando-lhes a ***certeza*** de que tudo não passa de um adiamento, e que lhes será dada a oportunidade para concluir numa outra existência a obra iniciada, e que um dia o filho ingrato os recompensará com seu amor (Veja capítulo 13, número 19, de ***O Evangelho Segundo o Espiritismo***).

Deus não dá prova maior do que as forças de quem a solicita, permitindo apenas as que podem ser cumpridas. Quando fracassamos, não é por falta de condições, mas por falta de vontade, pois quantos há que, ao invés de resistir às más tendências, nelas se comprazem. É a estes que estão reservados os lamentos e as lágrimas nas existências posteriores. Admirai, no entanto, a bondade de Deus, que nunca fecha a porta ao arrependimento. Por isso, chega um dia em que o culpado se cansa de sofrer, e seu orgulho é finalmente domado. Então, Deus abre Seus braços paternais ao filho arrependido, que se lança aos Seus pés. Entendei bem: ***As provas duras são quase sempre o sinal do fim de um sofrimento e do aperfeiçoamento do espírito, quando são aceitas com o propósito de chegar até Deus.*** É um momento supremo para o espírito, e é importante que ele não falhe, se não quiser perder o fruto dessa prova e ter de recomeçar. Por isso, ao invés de lamentar, agradecei a Deus, que vos oferece a oportunidade de vencer, a fim de vos dar o prêmio pela vitória. Então, quando sairdes do turbilhão da vida terrena e entrardes no mundo dos espíritos, lá sereis aclamados como o soldado que sai vitorioso do combate.

De todas as provas, as mais difíceis são as que afetam o coração. Há os que suportam com coragem a miséria e as privações materiais, mas sucumbem diante dos desgostos familiares, feridos pela ingratidão dos seus. Ah, que angústia terrível essa! Mas, nessas circunstâncias, o que pode reerguer a coragem moral senão o conhecimento das causas do mal e a certeza de que, se há longas discórdias, não há desesperos eternos, pois Deus não quer que Suas criaturas sofram para sempre? O que há de mais consolador e mais encorajador do que a idéia de que depende só de si mesmo, de seus próprios esforços, abreviar o sofrimento, destruindo em si as causas do mal? Mas, para isso, não se deve manter o olhar fixo na Terra e ver apenas uma existência. É preciso elevar-se, planar no infinito do passado e do futuro. Então, a imensa justiça de Deus se revelará aos vossos olhos e encarareis a vida com paciência, pois compreendereis o que vos parecia monstruosidades na Terra. Assim, tais feridas vos parecerão simples arranhões. Olhando o conjunto dessa maneira, os laços de família aparecem em seu verdadeiro sentido, e então já não são mais os frágeis laços da matéria que reúnem os seus membros, mas sim os laços duradouros do espírito, que se perpetuam e se consolidam ao se depurarem, ao invés de se romperem com a reencarnação.

Os espíritos se reúnem nas famílias atraídos pela semelhança de gostos, pela afeição e pela igualdade de progresso moral. Em suas migrações terrenas, eles se buscam para agrupar-se, como o faziam no Espaço, dando origem às famílias unidas e homogêneas. Se, nas suas peregrinações, ficam temporariamente separados, voltam a se encontrar mais tarde, felizes com o progresso alcançado. Mas, como não devem trabalhar apenas para si mesmos, Deus permite que os espíritos menos adiantados venham reencarnar entre eles, a fim de receberem conselhos e bons exemplos em favor do seu progresso. Às vezes, causam perturbações no grupo, mas é aí que está a prova. Acolhei-os, pois, como irmãos. Ajudai-os, e mais tarde, no mundo dos espíritos, a família se felicitará por ter salvo náufragos que, por sua vez, poderão salvar outros espíritos (SANTO AGOSTINHO, Paris, 1862).

O LIVRO DOS ESPÍRITOS

205. Segundo a opinião de algumas pessoas, a doutrina da reencarnação parece destruir os laços familiares ao fazê-los remontar além da existência atual.

- Ela os amplia; não os destrói. Sendo o parentesco fundamentado em afeições anteriores, os laços que unem os membros de uma mesma família são menos instáveis. Essa doutrina aumenta os deveres da fraternidade, uma vez que, no vosso vizinho, ou no vosso criado, pode achar-se um espírito que esteve ligado a vós por vínculos de sangue.

205a. Ela diminui, porém, a importância que alguns atribuem à sua filiação, visto que se pode ter tido por pai um espírito que pertenceu a uma linhagem bem diferente, ou que tenha vivido numa condição muito distinta.

- É verdade, mas essa importância se fundamenta no orgulho. O que a maioria deles reverencia nos seus antepassados são os títulos, a posição social, a fortuna. Alguém que

se envergonharia por ter tido como antepassado um honesto sapateiro, se orgulharia por descender de um nobre devasso. Mas, digam o que disserem ou façam o que fizerem, não impedirão que as coisas sejam como são, pois Deus não instituiu as leis da natureza segundo a vaidade deles.

VIDA PLENA

"Tenho ampliado os laços de estima além do círculo da parentela? A humanidade tem sido a minha grande família?".

PRECE

Bons espíritos, protetores de nossas famílias, mantenha-nos unidos e, através da intuição, estimule em nós a lembrança dos compromissos que temos para com aqueles que convivemos mais intimamente. Que assim possamos afastar a discórdia, lembrando da fraternidade; afastar a competição, praticando a cooperação; afastar a incompreensão, exercitando sempre a tolerância.

Quarta-feira

Capítulo 15
FORA DA CARIDADE NÃO HÁ SALVAÇÃO

Fora da Igreja não há salvação
Fora da verdade não há salvação

8. Enquanto a máxima ***Fora da caridade não há salvação*** se apóia num princípio universal e abre a todos os filhos de Deus o acesso à suprema felicidade, o dogma ***Fora da Igreja não há salvação*** se apóia não sobre a fé fundamental em Deus e na imortalidade da alma – crença comum a todas as religiões –, mas numa fé exclusiva em dogmas particulares, o que é um conceito intransigente e autoritário, pois, ao invés de unir os filhos de Deus, divide-os; ao invés de incitá-los a amar seus irmãos, alimenta e aprova as controvérsias entre os seguidores de diferentes cultos, que se consideram uns aos outros condenados na eternidade, ainda que tenham sido amigos ou parentes neste mundo. Menosprezando a grande lei de igualdade diante do túmulo, esse dogma os separa até mesmo no cemitério.

A máxima ***Fora da caridade não há salvação*** é a consagração do princípio de igualdade diante de Deus e da liberdade de consciência. Tendo-a como norma de conduta, todos os homens são irmãos, e, seja qual for sua maneira de adorar o Criador, estendem-se as mãos e oram uns pelos outros. Com o dogma ***Fora da Igreja não há salvação***, eles se põem a amaldiçoar-se, perseguem-se e vivem como inimigos: o pai não ora pelo filho, nem o filho pelo pai, nem o amigo pelo amigo, pois um acha que o outro está irremediavelmente condenado. Esse dogma é, portanto, essencialmente contrário aos ensinamentos do Cristo e à lei evangélica.

9. ***Fora da verdade não há salvação*** é equivalente a ***Fora da Igreja não há salvação***, e igualmente exclusivista, pois não há uma só seita que não afirme possuir o privilégio da verdade. Que homem pode se vangloriar de possuir a verdade integralmente, se o conhecimento cresce sem cessar, e a cada dia novos conceitos são revistos? A verdade absoluta é privilégio dos espíritos da mais elevada hierarquia. A humanidade terrena não poderia pretender possuí-la, porque não lhe é dado saber tudo. Ela apenas pode aspirar a uma verdade relativa e proporcional à sua evolução. Se Deus tivesse feito da posse da verdade absoluta a condição expressa da felicidade futura, seria como se tivesse decretado uma condenação geral, ao passo que a caridade, mesmo em sua mais ampla acepção, pode ser praticada por todos. Ao admitir que a salvação independe da crença, desde que se observe a Lei de Deus, o espiritismo não diz: "Fora do espiritismo não há salvação". Como também não pretende ensinar toda a verdade, tampouco diz: "Fora da verdade não há salvação", máxima que dividiria, ao invés de unir, e perpetuaria o antagonismo, ou melhor, as rivalidades.

O LIVRO DOS ESPÍRITOS

981. Com relação ao futuro do espírito, há alguma diferença entre um que em vida temia a morte e outro que a vê com indiferença e mesmo com alegria?

- A diferença pode ser muito grande; entretanto, desaparece, muitas vezes, diante das causas que provocam esse temor ou esse desejo. Quer alguém a tema, quer a deseje, pode ser movido por sentimentos muito diferentes, e são esses sentimentos que influem no estado do espírito. É evidente, por exemplo, que naquele que deseja a morte unicamente porque vê nela o fim de suas tribulações, é uma espécie de reclamação contra a Providência e contra as provas pelas quais deve passar.

982. É necessário professar o espiritismo e crer nas manifestações dos espíritos para assegurar nosso destino na vida futura?

- Se fosse assim, se deveria concluir que todos os que não crêem ou não tiveram a possibilidade de esclarecer-se são deserdados, o que seria absurdo. É o bem que assegura a sorte futura; ora, o bem é sempre o bem, seja qual for o caminho que leve a ele.

A crença no espiritismo ajuda a pessoa a melhorar-se, firmando-lhe as idéias sobre certos pontos do futuro; apressa o adiantamento dos indivíduos e das massas, porque possibilita que tomemos consciência do que um dia seremos. É um ponto de apoio, uma luz que nos guia. O espiritismo nos ensina a suportar as provas com paciência e resignação; desvia-nos de atos que podem retardar a felicidade futura. É assim que contribui para essa felicidade, mas não se diz que sem ele não é possível alcançá-la.

VIDA PLENA

"Estimo e reverencio os irmãos de outros credos religiosos? Tenho evitado o sarcasmo e a idéia falsa de superioridade?".

PRECE

Mestre Jesus, Vós que sois o caminho, a verdade e a vida, fazei-nos compreender que o caminho é a oportunidade para aceitar as Vossas sublimes lições; que a verdade é somente aquilo que temos a capacidade de compreender em nossa atual evolução; e que a vida é a principal riqueza que temos, porque ela é Deus manifestando-se com as Suas leis sábias e generosas em todas as coisas.

Quinta-feira

Capítulo 16

NÃO SE PODE SERVIR A DEUS E A MAMON

Parábola do mau rico

5. Havia um homem rico que se vestia de púrpura e linho, e se cuidava magnificamente todos os dias. Havia também um pobre chamado Lázaro, deitado à sua porta, todo coberto de feridas, que desejava muito saciar a fome com as migalhas que caíam da mesa daquele rico. Mas ninguém lhe dava nada, e os cães vinham lamber-lhe as chagas. Aconteceu que esse pobre mendigo morreu e foi levado pelos anjos para o seio de Abraão. O rico também morreu, e teve por sepulcro o inferno. Quando estava em tormento, elevou os olhos ao Alto e, de longe, viu Abraão e Lázaro em seu seio. Então, gritando, disse estas palavras: "Pai Abraão, tende piedade de mim! Mandai-me Lázaro para que molhe a ponta do seu dedo na água, a fim de me refrescar a língua, pois sofro tormentos extremos nestas chamas". Mas Abraão lhe respondeu: "Meu filho, lembrai-vos de que recebeste vossos bens em vida, e de que Lázaro só teve males. Eis por que ele agora está na consolação, e vós nos tormentos. Além do mais, existe para sempre um grande abismo entre nós e vós. De maneira que aqueles que quiserem passar daqui para onde estais não o podem, como não se pode passar do lugar onde estais para cá". O rico lhe disse: "Então, eu vos suplico, pai Abraão, que o mandeis à casa de meu pai, onde tenho cinco irmãos, para que lhes dê testemunho dessas coisas, com receio

de que eles também venham para este lugar de tormentos". Abraão replicou-lhe: "Eles têm Moisés e os profetas; que os ouçam!". "Não, pai Abraão", disse ele, "se algum dos mortos for ter com eles, eles farão penitência". Abraão respondeu-lhe: "Se eles não ouvem Moisés nem os profetas, também não acreditarão que algum dos mortos ressuscite" (LUCAS, 16:19-31).

INSTRUÇÕES DOS ESPÍRITOS

A VERDADEIRA PROPRIEDADE

10. Os bens da Terra pertencem a Deus, que os distribui conforme Sua vontade. O homem é apenas seu usuário, um administrador mais ou menos íntegro e inteligente. Os bens terrenos significam tão pouco, como propriedade individual do homem, que Deus frequentemente frustra todas as previsões e a fortuna escapa das mãos daquele que acredita ter todo direito sobre ela.

Podeis pensar, talvez, que isso diga respeito apenas às fortunas herdadas, e que não acontece o mesmo com aquela que se conquista pelo próprio trabalho. Sem dúvida alguma, se há fortuna legítima, é aquela que foi adquirida honestamente, pois ***uma propriedade só é legitimamente conquistada quando, para consegui-la, não se faz mal a ninguém***, já que teremos de prestar contas de todos os centavos ganhos às custas de alguém. Mas, se um homem tiver conquistado sua fortuna exclusivamente pelo seu esforço, terá com isso alguma vantagem ao morrer? Os cuidados que toma ao transmiti-la aos seus descendentes não serão muitas vezes inúteis? Sim, pois se Deus não quiser que lhes chegue às mãos, nada prevalecerá contra a Sua vontade. Pode o homem usar e abusar de sua fortuna impunemente durante a vida, sem ter que prestar contas? Não. Ao permitir que ele a adquira, Deus pode querer recompensá-lo, durante a vida atual, por seus esforços, sua coragem, sua perseverança; mas, se a utiliza somente para a satisfação de seus sentidos, ou de seu orgulho, ou se ela se torna um motivo de queda moral em suas mãos, melhor seria que não a possuísse, pois perde o que ganhou e anula o mérito de seu trabalho. Então, ao deixar a Terra, Deus lhe dirá que ele já recebeu a sua recompensa. (M., espírito protetor, Bruxelas, 1861).

O LIVRO DOS ESPÍRITOS

880. Qual é o primeiro de todos os direitos naturais do homem?

- É o direito de viver. Por isso ninguém tem o direito de atentar contra a vida de seu semelhante, nem fazer algo que possa comprometer-lhe a integridade física.

881. O direito de viver dá ao homem o direito de acumular bens para manter-se e ficar tranquilo quando não puder mais trabalhar?

- Sim, mas deve fazê-lo em família, como a abelha, através de um trabalho honesto, e não juntar como um egoísta. Até alguns animais lhe dão exemplos de previdência.

882. O homem tem o direito de defender o que juntou com seu trabalho?

- Deus não disse: "Não roubarás"; e Jesus: "Daí a César o que é de César"?

O que o homem junta por meio do trabalho *honesto* é uma propriedade legítima, que tem o direito de defender, porque a propriedade que é fruto do trabalho é um direito natural, tão sagrado quanto o de trabalhar e viver.

VIDA PLENA

"Entendo que, longe de ser uma vantagem, o excesso de conforto é obstáculo para a arte do desprendimento?".

PRECE

Bons espíritos, inspirai-nos para que possamos agir com equilíbrio quanto aos recursos que a Providência colocou em nossas mãos. Ajudai-nos a estar atentos às responsabilidades que temos no uso desses recursos, prevenindo-nos da avareza, do egoísmo, bem como do desperdício e da indiferença.

Sexta-feira

Capítulo 17
SEDE PERFEITOS

Parábola do semeador

5. Naquele mesmo dia, tendo saído de casa, Jesus dirigiu-Se à beira-mar, onde uma grande multidão reuniu-se ao Seu redor. Subindo numa barca para falar ao povo, que ficou de pé na margem, Ele lhes disse muitas coisas por parábolas: "Saiu aquele que semeia a semear. E enquanto semeava, uma parte das sementes caíram ao longo do caminho, e os pássaros do céu vieram e comeram-na. Outra parte caiu num solo mais pedregoso e logo germinou, pois a terra ali não era muito profunda. Mas logo o Sol se levantou e, como ainda não tinham raízes, as sementes secaram. Outra parte caiu entre os espinheiros, e, crescendo, os espinheiros sufocaram-nas. Finalmente, uma outra parte caiu numa terra boa e deu frutos, havendo grãos que renderam cem por um, outros sessenta, e outros trinta. Que ouça, quem tem ouvidos para ouvir!" (Mateus, 13:1-9).

Escutai, pois, vós outros, a parábola do semeador:
Todo aquele que ouve a palavra do Reino e não lhe dá atenção, o espírito mau vem e arrebata o que havia sido semeado em seu coração; é aquele que recebeu a semente ao longo do caminho. O que recebeu as sementes no caminho pedregoso é o que ouve a palavra e a recebe na hora com alegria, mas, como não tem raízes em si, esse sentimento dura pouco tempo, e, quando surgem os

> obstáculos e as perseguições por causa da palavra, logo faz dela um motivo de escândalo e de fracasso. Aquele que recebe a semente entre os espinheiros é o que ouve a palavra, mas, em seguida, as preocupações e a ilusão das riquezas sufocam nele essa palavra e a tornam infrutífera. Aquele que recebe a semente numa boa terra é o que escuta a palavra do Reino, que lhe dá atenção e ela então frutifica, rendendo cem, ou sessenta, ou trinta por um. (MATEUS, 13:18-23).

6. A parábola do semeador retrata perfeitamente as pequenas variações existentes na maneira de tirar proveito dos ensinamentos do ***Evangelho***. Quantas pessoas existem, de fato, para as quais eles não passam de algo superado, e que, assim como as sementes caídas entre as pedras, não produzem fruto algum.

Essa parábola também pode ser aplicada às diferentes categorias de espíritas. Ela não é o retrato daqueles que só se apegam aos fenômenos materiais, sem nenhum proveito tirar deles, porque os vêem somente como um motivo de curiosidade? Não retrata os que buscam apenas brilho na comunicação dos espíritos, interessando-se somente quando lhes satisfazem a imaginação, mas que, após ouvi-las, continuam tão frios e indiferentes como antes? Essa parábola não se aplica àqueles que acham os conselhos muito bons e os admiram, mas os aplicam aos outros e não a si mesmos? Finalmente: não é adequada àqueles para quem os ensinamentos são como a semente que cai na boa terra e produz frutos?

O LIVRO DOS ESPÍRITOS

907. Como o princípio das paixões é inato, ele é por si só mau?

- Não. A paixão está no excesso conjugado com a vontade, pois o princípio foi dado ao homem para o bem, e as paixões podem levá-lo a grandes coisas. É o abuso que delas faz que acarreta o mal.

908. Como definir o limite em que as paixões deixam de ser boas ou más?

- As paixões são como um cavalo, que é útil quando é dirigido, mas perigoso quando é ele que dirige. Deveis admitir,

portanto, que uma paixão se torna nociva a partir do momento em que não conseguis mais governá-la e disso resultar algum prejuízo para vós ou para os outros.

As paixões são alavancas que decuplicam as forças do homem e o auxiliam no cumprimento dos desígnios da Providência; porém, se em vez de dirigi-las o homem se deixa dirigir por elas, cai no excesso, e a mesma força que, na sua mão, poderia fazer o bem, volta-se contra ele e o esmaga.

Todas as paixões têm seu princípio num sentimento ou necessidade natural. O princípio das paixões não é, portanto, um mal, uma vez que repousa numa das condições providenciais da nossa existência. A paixão propriamente dita é o exagero de uma necessidade ou de um sentimento; está no excesso e não na causa; e esse excesso se torna um mal quando tem como consequência um mal qualquer.

Todo arrebatamento que aproxima o homem da natureza animal afasta-o da natureza espiritual. Todo sentimento que eleva o homem acima da natureza animal e revela a predominância do espírito sobre a matéria aproxima-o da perfeição.

909. Por seus esforços, o homem sempre conseguiria vencer suas más tendências?

- Sim, e às vezes com esforços mínimos; o que lhe falta é vontade. Ah, quão poucos dentre vós se esforçam!

VIDA PLENA

"Tenho tido bom ânimo e comedimento em meus empreendimentos? Sei distinguir que da audácia ao crime, a distância não é de poucos passos?".

PRECE

Bons espíritos, protegei-nos nas situações em que não soubermos distinguir os limites das nossa paixões. Alertai-nos quando ultrapassarmos os nossos bons sentimentos, nossas ações toleráveis, nas quais poderemos causar algum mal ao nosso próximo.

Sábado

Capítulo 18

MUITOS SERÃO OS CHAMADOS E POUCOS OS ESCOLHIDOS

Muito se pedirá a quem muito recebeu

10. O servo que, conhecendo a vontade do seu senhor, não fez o que lhe foi solicitado, será duramente açoitado. Aquele, porém, que não tiver conhecido a sua vontade e tiver feito coisas censuráveis, será menos açoitado. Muito se pedirá a quem muito recebeu. E será mais rigorosa a prestação de contas a quem se tiver confiado mais coisas (Lucas, 12:47 e 48).

11. "Eu vim a este mundo para exercer um julgamento, a fim de que aqueles que não vêem passem a ver, e os que vêem se tornem cegos". Alguns fariseus que estavam com Ele ouviram essas palavras e Lhe disseram: "Então nós também somos cegos?". E Jesus respondeu-lhes: "Se fôsseis cegos, não teríeis pecados; mas agora dizeis que vedes, e é por isso que o pecado permanece em vós (João, 9:39-41).

12. Essas máximas encontram sua aplicação principalmente nos ensinamentos dos espíritos. Todo aquele que conhece os preceitos do Cristo é considerado culpado, se não praticá-los. Mas, além de o *Evangelho* ser difundido somente entre as religiões cristãs, muitas pessoas dessas próprias religiões não o lêem, ou não o compreendem. Disso resulta que as palavras de Jesus ficam perdidas para a maioria delas.

O ensinamento dos espíritos, que reproduz essas máximas sob diferentes formas, e que as desenvolve e as comenta a fim de disponibilizá-las a todos, tem uma característica especial: não se limita a poucos. Assim, qualquer um, letrado ou não, crente ou incrédulo, cristão ou não, pode recebê-lo, já que os espíritos se manifestam por toda parte. Portanto, ninguém que o tenha recebido, diretamente ou por intermédio de outra pessoa, pode alegar ignorância, dar como desculpa a falta de instrução, nem tampouco alegar falta de clareza no seu sentido alegórico. Aquele, pois, que não põe em prática os ensinamentos de Jesus para melhorar-se, que os admira apenas como algo interessante e curioso, sem que seu coração seja tocado, que, ao seu contato, não se torna menos fútil, menos orgulhoso, menos egoísta, menos apegado aos bens materiais, nem melhor para com seu próximo, é tão culpado quanto maiores tenham sido suas condições de conhecer a verdade.

Os médiuns que obtêm boas comunicações são ainda mais repreensíveis se persistirem no mal, pois muitas vezes escrevem a própria condenação, e, se o orgulho não os cegasse, reconheceriam que é a eles que os espíritos se dirigem. Mas, ao invés de tomar para si as lições que escrevem, ou que vêem serem escritas, seu único pensamento é aplicá-las aos outros, confirmando assim estas palavras de Jesus: "Vêdes um cisco no olho de vosso vizinho, mas não enxergais a trave que está no vosso" (Veja capítulo 10, número 9, de ***O Evangelho Segundo o Espiritismo***).

Por estas outras palavras: "Se fôsseis cegos não teríeis pecado", Jesus queria dizer que a culpa existe na medida do conhecimento que se possui. Desse modo, os fariseus, que tinham a pretensão de ser os mais instruídos, o que de fato acontecia, eram, aos olhos de Deus, mais censuráveis do que o povo ignorante. O mesmo acontece hoje em dia.

Aos espíritas, pois, muito será pedido, porque receberam muito, mas, da mesma forma, aos que tiverem aproveitado, muito será dado. Portanto, o primeiro pensamento de todo espírita sincero deve ser o de procurar nos conselhos dados pelos espíritos se não há neles alguma coisa que lhe diga respeito.

O espiritismo vem, pois, multiplicar o número dos ***chamados***, e pela fé que suscita, multiplicará também o número dos ***escolhidos***.

965. As penas e as alegrias da alma após a morte têm algo de material?

- Elas não podem ser materiais, pois a alma não é matéria: é o que diz o bom senso. Essas penas e alegrias nada têm de carnal, e no entanto são mil vezes mais intensas do que as que sentis na Terra, porque, uma vez livre, o espírito é mais impressionável; a matéria não mais lhe enfraquece as sensações.

966. Por que o homem tem uma idéia tão material e absurda a respeito das penas e alegrias da vida futura?

- Inteligência que ainda não está suficientemente desenvolvida. A criança compreende como o adulto? Além do mais, tudo depende do que lhe ensinaram: é aí que uma reforma se faz necessária.

Vossa linguagem é deficiente demais para exprimir o que existe fora de vós. Então, foi necessário fazer comparações, e foram as imagens e alegorias dessas comparações que tomastes como realidade. À medida que o homem se instrui, porém, seu pensamento compreende as coisas que sua linguagem não consegue traduzir.

VIDA PLENA

"Quando exijo que o outro seja perfeito, não me obrigo a nivelar-me também a ele?".

PRECE

Senhor, nós que recebemos a oportunidade de conhecer os Vossos ensinamentos não estamos livres de cometer erros. Mantende-nos vigilantes, pois sabemos que não somos perfeitos, mas sabemos também que a nossa maior missão é manter o ideal de buscar a perfeição do nosso Pai.

Domingo

Capítulo 19
A FÉ TRANSPORTA MONTANHAS

Instruções dos espíritos
A FÉ, MÃE DA ESPERANÇA E DA CARIDADE

11. Para ser proveitosa, a fé precisa ser ativa; não deve esmorecer. Mãe de todas as virtudes que conduzem a Deus, deve zelar atentamente pelo desenvolvimento das filhas que gera.

A esperança e a caridade são uma decorrência da fé. Essas três virtudes formam uma trindade inseparável. Não é a fé que dá a esperança de ver cumprirem-se as promessas do Senhor? Se não tiverdes fé, o que esperais? Não é a fé que dá o amor? Que reconhecimento sentireis se não tiverdes fé, e, consequentemente, que amor tereis?

A fé, sagrada inspiração de Deus, desperta os nobres sentimentos que conduzem o homem ao bem. Ela é a base da regeneração. É preciso, então, que essa base seja forte e duradoura, porque, se a menor dúvida puder abalá-la, o que acontecerá com o edifício que estiverdes construindo sobre ela? Erguei, pois, esse edifício sobre alicerces inabaláveis. Que vossa fé seja mais forte do que a sagacidade e o deboche dos incrédulos, pois a fé que não enfrenta a zombaria dos homens não é a verdadeira fé.

A fé sincera é arrebatadora e contagiante: transmite-se aos que não a possuíam, ou mesmo a quem não faz questão de possuí-la. Ela encontra palavras persuasivas que penetram na alma. Ao passo que a fé aparente usa apenas palavras sonoras que nada produzem além de indiferença. Mostrai vossa fé pelo exemplo, a fim de transmiti-la aos homens. Mostrai, pelo exemplo, vossas obras, para que eles vejam o merecimento da fé. Pregai, com vossa esperança inabalável, para que vejam a confiança que fortalece e dá condições de enfrentar todas as contrariedades da vida.

Tende fé, com tudo o que ela encerra de belo e de bom: com sua pureza, com sua racionalidade. Não admitais a fé sem comprovação, essa filha da cegueira. Amai a Deus, mas sabendo por que o amais. Acreditai em Suas promessas, mas sabendo por que acreditais. Segui nossos conselhos, mas conscientes da meta que vos apontamos e dos meios que vos fornecemos para atingi-la. Crede e esperai, sem jamais esmorecer: os milagres são o resultado da fé. (José, espírito protetor, Bordéus, 1862).

O LIVRO DOS ESPÍRITOS

726. Se os sofrimentos deste mundo nos elevam pelo modo como os suportamos, os que nós criamos voluntariamente também nos elevam?

- Os únicos sofrimentos que elevam são os sofrimentos naturais, porque vêm de Deus; os sofrimentos voluntários de nada servem quando em nada contribuem para o bem dos outros.Achas que avançam no seu caminho aqueles que abreviam sua vida em rigores sobre-humanos, como o fazem os monges budistas, os faquires e alguns fanáticos de várias seitas? Por que, de preferência, não trabalham pelo bem dos seus semelhantes? Que vistam o indigente; consolem o que chora; trabalhem pelo que está doente; suportem privações para alívio dos infelizes, e então sua vida será útil e agradável a Deus. Quando, com sofrimentos voluntários, se visa somente a si mesmo, é egoísmo; quando se sofre pelos outros, é caridade: são esses os preceitos do Cristo.

727. Se não devemos criar-nos sofrimentos voluntários sem qualquer utilidade para os outros, deveremos resguardar-nos dos que prevemos ou que nos ameaçam?

- Contra os perigos e os sofrimentos, foi dado a todos os

seres o instinto da conservação. Mortificai vosso espírito e não vosso corpo, mortificai vosso orgulho, sufocai vosso egoísmo que, qual uma serpente, vos corrói o coração, e fareis mais por vosso adiantamento do que através de rigores que não pertencem mais a este século.

VIDA PLENA

"Minhas solicitações lançam luz sobre meus objetivos?".

PRECE

Senhor, que a nossa fé possa ser sempre provada nos pequenos gestos de amor que devemos ter para com os nossos semelhantes. Mantende-nos livres da indiferença e da omissão, dando-nos coragem para tomar atitudes que possam manter vivas em nós a esperança e a confiança nos Vossos propósitos.

Segunda-feira

Capítulo 20

OS TRABALHADORES DA ÚLTIMA HORA

OS OBREIROS DO SENHOR

5. É chegado o tempo em que se cumprirá o que foi anunciado para a transformação da humanidade. Felizes daqueles que tiverem trabalhado na seara do Senhor, desinteressadamente e movidos apenas pela caridade! Estes receberão por sua jornada de trabalho cem vezes mais do que poderiam esperar. Felizes dos que tiverem dito aos seus irmãos: "Trabalhemos juntos, e unamos nossos esforços para que nosso Senhor, ao chegar, encontre a obra concluída". E o Senhor então lhes dirá: "Vinde a mim, vós que sois bons servidores, vós que soubestes calar os ciúmes e as discórdias para não prejudicar a obra!". Mas ai daqueles que, por suas desavenças, houverem retardado a hora da colheita, pois virá a tempestade e serão levados pelo turbilhão, clamando: "Perdão! Perdão!". Mas o Senhor lhes dirá: "Por que pedis perdão, vós que não tivestes piedade de vossos irmãos e que vos negastes a estender-lhes a mão? Vós que pisastes no fraco, ao invés de ampará-lo? Por que pedis perdão, vós que buscastes vossa recompensa nas alegrias do mundo e na satisfação do vosso orgulho? Já recebestes vossa recompensa exatamente como exigistes. Nada mais deveis pedir, pois as recompensas celestes são para quem não tiver pedido recompensas na Terra".

Nesse momento, Deus faz uma seleção de Seus servidores fiéis e marca "a dedo" aqueles que são devotados somente na aparência, a fim de que não se apoderem do salário dos servidores corajosos. Aos que não recuarem diante da tarefa, Ele irá confiar os postos mais difíceis na grande obra da regeneração pelo espiritismo, e estas palavras se cumprirão: "Os primeiros serão os últimos, e os últimos serão os primeiros no reino dos Céus!" (O Espírito de Verdade, Paris, 1862).

O LIVRO DOS ESPÍRITOS

133. Os espíritos que, desde o princípio, seguiram o caminho do bem, precisam da encarnação?

- Todos são criados simples e ignorantes; é nas lutas e nas tribulações da vida corporal que se instruem. Deus, que é justo, não poderia fazer alguns felizes, sem aflições e trabalhos, e, consequentemente, sem mérito.

133a. Mas então, de que serve aos espíritos terem seguido o caminho do bem, se isso não os exime dos sofrimentos da vida corporal?

- Chegam mais depressa ao final do caminho; e depois, os sofrimentos da vida são muitas vezes consequência da imperfeição do espírito. Quanto menos imperfeições tem, menos tormentos sofrerá. Aquele que não é invejoso, nem ciumento, avarento ou ambicioso, não passará pelos tormentos que têm sua origem nesses defeitos.

VIDA PLENA

"Ocupo-me com coisas úteis para que o meu aproveitamento seja compartilhado com o próximo?".

PRECE

Espíritos do bem, que as verdades do Céu que trazeis para nós sejam compreendidas e sejam tratadas como o principal objetivo de nossas vidas, pois sabemos que elas são a certeza de que cumpriremos todas as nossas obrigações, desde os pequeninos até os mais significativos compromissos.

Terça-feira

Capítulo 21

HAVERÁ FALSOS CRISTOS E FALSOS PROFETAS

3. Ficai atentos para que ninguém vos engane, pois muitos virão em meu nome, dizendo: "Eu sou o Cristo", e enganarão a muitos.
E surgirão muitos falsos profetas que enganarão a muitas pessoas; e, por multiplicar-se a maldade, a caridade de muitos esfriará. Mas aquele que perseverar até o fim será salvo.
Então, se alguém vos disser: "Eis que o Cristo está aqui, ou ali", não lhe deis crédito, pois surgirão falsos cristos e falsos profetas que farão tantos prodígios e coisas espantosas, que enganarão, se possível for, até mesmo aos próprios escolhidos (Mateus, 24:4-5, 11-13, 23-24; Marcos, 13:5-6, 21-22).

ATRIBUTOS DO VERDADEIRO PROFETA

9. *Desconfiai dos falsos profetas.* Esta recomendação é útil em todos os tempos, mas principalmente nos momentos de transição em que se processa uma transformação da humanidade, como a que ocorre atualmente, porque uma multidão de ambiciosos e intrigantes se apresenta como reformadores e enviados divinos. É contra esses impostores que devemos ficar atentos. É dever de todo homem honesto desmascará-los. Então, perguntareis como se pode reconhecê-los. Eis os sinais que os identificam:

Só se confia o comando de um exército a um general habilidoso e competente para dirigi-lo. Porventura, julgais que Deus seja menos prudente do que os homens? Tende certeza de que Ele só confia missões importantes àqueles que são capazes de cumpri-las, pois as grandes missões são fardos pesados que esmagariam o homem que não possuísse forças para carregá-los. Como em todas as coisas, o mestre deve saber mais do que o aluno. Para fazer a humanidade progredir moral e intelectualmente, são necessários homens superiores em inteligência e moralidade. Eis por que são sempre os espíritos já muito evoluídos que, tendo cumprido suas provas em existências anteriores, reencarnam com esse objetivo, pois, se não forem superiores ao meio em que devem atuar, sua ação será nula.

Assim sendo, podeis concluir que o verdadeiro missionário de Deus deve dar provas de sua missão por sua superioridade, por suas virtudes, pela importância, resultado e influência moralizadora de suas obras. Tirai também esta conclusão: mas, se pelo seu caráter, por suas virtudes, por sua inteligência, ele estiver em nível inferior ao do papel que se atribui, ou da personalidade sob cujo nome se esconde, não passa de um ator de segunda categoria, que nem sequer sabe imitar o modelo que tenta copiar.

Uma outra consideração é a de que a maioria dos verdadeiros missionários de Deus ignoram o que o são, cumprindo aquilo a que são chamados a fazer por seu caráter determinado, alicerçados pela força oculta que os inspira e dirige, sem que o percebam, e sem intenção premeditada. Em resumo: *os verdadeiros profetas se revelam por seus atos. Pode-se pressenti-los. Já os falsos profetas, se apresentam por conta própria como enviados de Deus.* Os primeiros são humildes e modestos; os outros, são orgulhosos e cheios de si; falam com arrogância e, como todos os mentirosos, vivem com medo de que não acreditem neles.

Já vimos impostores como esses se fazendo passar por apóstolos de Jesus, outros pelo próprio Mestre, e, para vergonha da humanidade, encontraram pessoas suficientemente ingênuas para acreditar em suas baixezas. Contudo, uma consideração bem simples, e que deveria abrir os olhos até do mais cego, é a de que se Jesus reencarnasse na Terra, viria com todo o Seu poder e todas as Suas virtudes, a menos que se admita –

o que seria um absurdo – que tivesse degenerado. Portanto, da mesma forma que, se tirardes um único dos atributos de Deus, não tereis mais Deus, se tirardes uma única virtude de Jesus, não tereis mais Jesus. Será que os que se fazem passar por Ele possuem todas as Suas virtudes? Eis a questão! Observai os falsos profetas, analisai seus pensamentos e atos, e vereis que faltam-lhes principalmente as qualidades que os distinguem de Jesus: a humildade e a caridade, ao passo que têm o que o Mestre não possuía: a cobiça e o orgulho. Observai, aliás, que há neste momento, e em diferentes países, vários pretensos cristos, como há vários pretensos elias, são joão ou são pedro, e que é absolutamente impossível que possam ser verdadeiros. Tende certeza de que são pessoas que exploram os ingênuos, e acham fácil viver à custa de quem lhes dá ouvidos.

Desconfiai, pois, dos falsos profetas, especialmente em tempos de renovação, porque muitos impostores se apresentarão como enviados de Deus. Eles procuram satisfação na Terra, mas uma justiça implacável os aguarda; disso podeis ter certeza (Erasto, Paris, 1862).

O LIVRO DOS ESPÍRITOS

570. Os espíritos sempre compreendem os desígnios que são encarregados de executar?

- Não; há espíritos que são instrumentos cegos, enquanto outros sabem muito bem com que propósito agem.

571. Só os espíritos elevados desempenham missões?

- A importância das missões está relacionada com a competência e a elevação do espírito. O mensageiro que leva um telegrama também executa uma missão, só que não é igual à do general.

572. A missão de um espírito lhe é imposta, ou depende da sua vontade?

- Ele a pede, e fica feliz por obtê-la.

572a. A mesma missão pode ser solicitada por vários espíritos?

– Sim, muitas vezes há vários candidatos, mas nem todos são aceitos.

VIDA PLENA

"Tranquilizo-me quanto a sucessos futuros? Analiso com lógica rigorosa todos os estudos referentes à predições?".

PRECE

Espíritos do bem, protegei-nos contra as más influências que podem nos desviar do caminho que escolhemos para progredir espiritualmente. Para isso, inspirai-nos a serenidade e a cautela, para que possamos julgar tanto aquilo que nos é lícito como também aquilo que nos convém.

Quarta-feira

Capítulo 23

ESTRANHA MORAL

Não vim trazer a paz, mas a divisão

> 9. Não penseis que vim trazer a paz à Terra. Não vim trazer a paz, mas a espada, pois vim separar o homem de seu pai, a filha de sua mãe, a nora da sogra. E assim, os inimigos do homem serão os seus familiares (MATEUS, 10:34-36).

11. Será possível que Jesus, a personificação da doçura e da bondade, aquele que não se cansou de pregar o amor ao próximo, foi capaz de dizer: "Não vim trazer a paz, mas a espada. Vim separar o filho do pai, o marido da esposa. Vim lançar fogo à terra, e tenho pressa que ele se acenda"? Essas palavras não contradizem claramente os seus ensinamentos? Não seria absurdo atribuir a Jesus a linguagem de um conquistador sanguinário e devastador? Não! Não há absurdo algum nem contradição nessas palavras, pois foi justamente Ele quem as pronunciou, e elas testemunham sua alta sabedoria. Só que a forma, um tanto ambígua, não traduz com exatidão o pensamento de Jesus, o que leva muitas pessoas a se enganarem quanto ao seu verdadeiro sentido. Se tomadas ao pé da letra, essas palavras tenderiam a transformar sua missão, totalmente pacífica, numa missão de distúrbios e discórdias, o que seria uma conclusão absurda que

o bom senso obriga a rejeitar, pois Jesus não poderia contradizer-se. (Veja capítulo 14, número 6, de *O Evangelho Segundo o Espiritismo*).

12. Toda idéia nova encontra uma oposição natural, e não há uma única que tenha se firmado sem lutas. Ora, em casos como esse, a resistência é sempre proporcional à soma dos resultados ***previstos***, porque, quanto maior for a nova idéia, mais interesses serão contrariados. Quando uma idéia é notoriamente falsa, quando a julgam inconsequente, ninguém se preocupa com ela, e a deixam de lado, pois todos percebem que ela não tem força. Mas quando é verdadeira, quando está assentada sobre uma base sólida, quando se prevê que tem futuro, um íntimo pressentimento adverte seus opositores de que é uma ameaça para eles e para o andamento dos negócios cuja manutenção lhes interessa. Eis por que se lançam contra ela, e contra seus seguidores. Portanto, a dimensão da importância e dos resultados de uma idéia nova pode ser avaliada pela agitação geral que seu surgimento provoca, pela violência da oposição que ela desperta, e pela intensidade e persistência da fúria dos seus adversários.

13. Jesus vinha anunciar uma doutrina que minava pela base os abusos em que viviam mergulhados os fariseus, os escribas e os sacerdotes do templo. Por isso, sacrificaram-No, achando que matando o homem matariam a idéia. Mas a idéia sobreviveu, porque era verdadeira, e cresceu, porque estava nos desígnios de Deus. E, nascida num humilde povoado da Judéia, foi plantar sua bandeira exatamente na capital do mundo pagão, diante de seus mais implacáveis inimigos, que tinham o máximo interesse em combatê-la, pois ela subvertia as crenças seculares a que muitos se apegavam, mais por interesse do que por convicção. Por isso, as mais terríveis lutas aguardavam os Seus apóstolos; as vítimas foram inúmeras, mas a idéia continuou crescendo e saiu triunfante, porque superava, como verdade, as que a tinham precedido.

14. Deve-se observar que o cristianismo surgiu quando o paganismo entrava em decadência e se debatia contra as luzes

da razão. Ainda o praticavam por hábito, mas a crença havia desaparecido; só o interesse pessoal o sustentava. Ora, o interesse é sempre obstinado; jamais se dobra à evidência; irrita-se bem mais, quanto mais categóricos são os argumentos que a ele se opõem, e quanto mais claramente comprovam seu erro. Sabe muito bem que está errado, mas isso não lhe interessa, pois não há verdadeira fé na sua alma. O que ele mais teme é a luz, que faz com que os cegos enxerguem. O erro lhe favorece; por isso, se agarra a ele e o defende.

Sócrates também não havia formulado uma doutrina até certo ponto semelhante à de Jesus? Por que, então, ela não prosperou naquela época, entre um dos povos mais inteligentes da Terra? É que não era chegado o tempo. Ele semeou em uma terra não lavrada. O paganismo ainda não estava ***desgastado***. Jesus recebeu Sua missão providencial no tempo próprio. Nem todos os homens de Sua época estavam à altura das idéias cristãs, mas havia entre eles uma tendência mais favorável a assimilá-las, pois se começava a sentir o vazio que as crenças da época deixavam na alma. Sócrates e Platão haviam aberto o caminho e preparado as mentes. (Veja na ***Introdução*** de ***O Evangelho Segundo o Espiritismo***: ***Sócrates e Platão, precursores dos ensinamentos do Cristo***).

O LIVRO DOS ESPÍRITOS

781. O homem tem o poder de impedir a marcha do progresso?
- Não, mas às vezes pode atrapalhá-la.

781a. Que pensar dos homens que tentam deter a marcha do progresso e fazer a humanidade regredir?

- Pobres seres, que Deus castigará; serão derrubados pela torrente que querem deter.

Sendo o progresso uma condição da natureza humana, ninguém tem o poder de opor-se a ele. É uma *força viva* que más leis podem retardar, mas não reprimir. Quando essas leis se tornam incompatíveis com ele, ele as destrói, juntamente com todos os que tentam mantê-las, e assim será, até que o homem tenha posto suas leis em harmonia com a Justiça Divina, que quer benefícios para todos, e não leis feitas pelo forte em detrimento do fraco.

782. Não há homens que, de boa-fé, entravam o progresso, acreditando que o favorecem, porque o vêem sob seu próprio ponto de vista, e muitas vezes onde não existe?

- São como uma pedrinha colocada sob a roda de uma grande viatura, e que não a impede de avançar.

VIDA PLENA

"Silencio meus impulsos nas polêmicas com irmãos aprisionados a caprichos de natureza religiosa?".

PRECE

Mestre Jesus, nós, que hoje aceitamos os Vossos ensinamentos como verdades que iluminam nossa almas, talvez no passado tenhamos sido contrários e esses mesmos ensinamentos, por causa da imaturidade dos nossos espíritos. Que hoje possamos ser tolerantes com todos aqueles que ainda não compreendem as Vossas verdades.

Quinta-feira

Capítulo 24
NÃO COLOQUEIS A CANDEIA DEBAIXO DO ALQUEIRE

> 2. Não há ninguém que, após ter acendido uma candeia, a cubra com um vaso ou a coloque debaixo da cama, mas sim sobre um velador, para que todos que entrem vejam a luz, pois não há nada de secreto que não deva ser revelado, nem nada de oculto que não deva ser esclarecido publicamente (LUCAS, 8:16 e 17).
>
> 11. Estando Jesus à mesa, na casa de Mateus, vieram ter com Ele e com Seus discípulos muitos publicanos e pessoas de má vida, que se sentaram à mesa. Tendo os fariseus visto isso, disseram aos discípulos: "Por que vosso Mestre come com os publicanos e com pessoas de má vida?". Mas Jesus, tendo-os ouvido, lhes disse: "Não são os que têm saúde, mas os doentes, que precisam de médico (MATEUS, 9:10-12).

12. Jesus dirigia-Se principalmente aos pobres e aos deserdados, pois são estes os que mais precisam de consolo. Dirigia-Se também aos cegos, dóceis e de boa-fé, porque pedem para ver, e não aos orgulhosos, que se julgam sábios e acham que não precisam de nada (Veja na ***Introdução*** de ***O Evangelho Segundo o Espiritismo***, os artigos: ***Publicanos*** e ***Portageiros***).

Essas palavras, como tantas outras, encontram sua aplicação no espiritismo. Muitas vezes, há quem ache estranho que a mediunidade seja concedida a pessoas indignas e capazes de fazer mau uso dela. Costuma-se dizer que uma faculdade tão preciosa deveria ser atributo exclusivo dos mais dignos.

Digamos, inicialmente, que a mediunidade faz parte da condição orgânica de todo ser humano, como acontece com a visão, a audição e a fala. E qualquer um pode delas fazer mau uso, por livre-arbítrio. Se Deus tivesse concedido a fala somente a quem fosse incapaz de dizer coisas más, haveria mais mudos no mundo do que falantes. Deus deu faculdades ao homem, e deixa-o livre para usá-las, mas sempre pune quem delas abusa.

Se o dom de comunicar-se com os espíritos fosse concedido somente aos mais dignos, quem ousaria desejá-lo? Onde estaria, aliás, o limite entre a dignidade e a indignidade? A mediunidade é, portanto, concedida sem distinção, a fim de que os espíritos possam levar a luz a todas as classes sociais, tanto ao pobre como ao rico; aos sábios, para fortalecê-los no bem, e aos viciosos, para corrigi-los. Não seriam estes últimos os doentes que precisam de médico? Por que Deus, que não quer a morte do pecador, o privaria do socorro que pode tirá-lo do lamaçal? Então, os bons espíritos vêm ajudá-lo, e os conselhos que lhe são dados diretamente conseguem impressioná-lo mais vivamente, do que se os recebesse por alguma via indireta. Deus, em Sua bondade, coloca a luz em suas mãos para poupar-lhe o trabalho de ir buscá-la mais distante. Não será ele bem mais culpado, se não olhar para ela? Será que poderá usar sua ignorância como desculpa, quando ele mesmo houver escrito, visto com seus próprios olhos, ouvido com seus ouvidos, e pronunciado com a própria boca, sua condenação? Se não faz bom proveito da mediunidade, é então punido com a perda ou com o desvirtuamento de sua faculdade, da qual os maus espíritos se apoderam para obsediá-lo e enganá-lo, além das aflições com que a Lei de Deus atinge Seus servidores indignos e de corações endurecidos pelo orgulho e pelo egoísmo.

A mediunidade não implica necessariamente em relações habituais com os espíritos superiores. Ela é simplesmente uma *aptidão* que serve como instrumento, mais ou menos útil aos espíritos em geral. Por isso, o bom médium não é o que se comunica facilmente, mas aquele que tem afinidade com os bons espíritos, e que só por eles é assistido. É nesse sentido que o valor das qualidades morais é insuperável para a mediunidade.

841. Por respeito à liberdade de consciência, deve-se deixar que doutrinas perniciosas se propaguem, ou pode-se, sem atentar contra essa liberdade, tentar trazer de volta ao caminho da verdade os que se extraviam por causa de falsos princípios?

– Certamente se pode, e deve-se, até. Mas, a exemplo de Jesus, ensinai pela doçura e pela persuasão, e não pela força, o que seria pior do que a crença daquele a quem quereis convencer. Se existe algo que é permitido impor, é o bem e a fraternidade. Mas não acreditamos que a violência seja o melhor meio de convencê-los: convicção não se impõe.

842. Tendo todas as doutrinas a pretensão de ser a única expressão da verdade, através de que manifestações podemos reconhecer a que tem o direito de apresentar-se como tal?

– Será a que mais homens de bem e menos hipócritas produzir, ou seja, a que pratique a Lei de Amor e de Caridade na sua maior pureza e na sua mais ampla acepção. Por esse sinal reconhecereis que uma doutrina é boa, pois toda doutrina que tiver por consequência semear a desunião e estabelecer uma demarcação entre os filhos de Deus só pode ser falsa e perniciosa.

VIDA PLENA

"Vaidade, ausência de autocrítica, falta de perseverança no bem. Qual desses pontos fracos preciso ter mais cuidado?".

PRECE

Senhor, que os bens espirituais que recebemos de Vós possam ser sabiamente utilizados na prática do bem, dando de graça aquilo que gratuitamente recebemos.

Sexta-feira

Capítulo 25

BUSCAI E ACHAREIS

Olhai as aves do céu

> 6. (...) Eis por que vos digo: "Não vos inquieteis por não saber onde encontrareis o que comer para o sustento de vossa vida, nem de onde tirareis vestes para cobrir vosso corpo. A vida não é mais do que o alimento, e o corpo não é mais do que a veste?
> Olhai as aves do céu! Elas não semeiam, não colhem, nada guardam em celeiros e, no entanto, vosso Pai celestial as alimenta. Não sois muito mais do que elas? E qual dentre vós pode, com todos os vossos esforços, acrescentar um côvado à vossa altura? Então, por que vos inquietais também pelas vestes? Observai como crescem os lírios dos campos! Eles não trabalham nem fiam e, no entanto, eu vos declaro que nem mesmo Salomão, em toda a sua glória, jamais se vestiu como um deles. Se Deus, pois, tem o cuidado de vestir desse modo uma erva dos campos, que hoje existe e que amanhã será lançada na fornalha, que cuidado não terá em vos vestir, homens de pouca fé!(...)

8. A terra pode produzir o suficiente para alimentar todos os seus habitantes, se os homens souberem administrar os bens que ela oferece, segundo as leis de justiça, de caridade e de amor ao próximo. Quando a fraternidade reinar entre os diversos povos, como reina entre as províncias de um mesmo império, o que

estiver sobrando em determinado momento para um suprirá o que falta momentaneamente para outro, e assim todos terão o necessário. Então, o rico se considerará como um homem que possui uma grande quantidade de sementes. Se plantá-las, elas produzirão cem vezes mais, para ele e para os outros. Mas, se consumi-las sozinho, ou se desperdiçar o excedente deixando que se percam, elas nada produzirão e não haverá o suficiente para todos. Se guardá-las em seu celeiro, os vermes as comerão. Eis por que Jesus disse: "Não acumuleis tesouros na Terra, pois eles são perecíveis. Acumulai-os no Céu, onde são eternos". Em outras palavras: "Não deis aos bens materiais mais importância do que aos bens espirituais, e aprendei a sacrificar os primeiros em benefício dos segundos" (Veja capítulo 16, número 1 e seguintes, de ***O Evangelho Segundo o Espiritismo***).

Não é com leis que se impõe a caridade e a fraternidade. Se elas não estiverem no coração do homem, serão sempre sufocadas pelo egoísmo. Fazer com que lhe penetrem no coração é obra do espiritismo.

O LIVRO DOS ESPÍRITOS

864. Há pessoas a quem a sorte é contrária, outras parecem ser favorecidas, porque para elas tudo dá certo; a que se deve isso?

- Muitas vezes é porque elas sabem planejar melhor; mas também pode ser uma espécie de prova; o sucesso embriaga; confiam no seu destino, e geralmente pagam mais tarde esses mesmos sucessos com cruéis revezes, que poderiam ter evitado com prudência.

865. Como se explica que a sorte que favorece algumas pessoas em circunstâncias em que nem a vontade nem a inteligência interferem: no jogo, por exemplo?

- Alguns espíritos escolheram antecipadamente certos tipos de prazer; a sorte que os favorece é uma tentação. Aquele que ganha como homem, perde como espírito; é uma prova para seu orgulho e sua cobiça.

866. Então a fatalidade que parece reger os destinos materiais da nossa vida seria também resultado do nosso livre-arbítrio?

- Tu mesmo escolheste tua prova: quanto mais rude for, e melhor a suportares, mais te elevarás. Os que passam a vida na abundância e na felicidade humana são espíritos vacilantes, que permanecem estacionários. Assim, o número dos desafortunados supera em muito o dos felizes deste mundo, visto que os espíritos, em sua maioria, buscam a prova que lhes será mais proveitosa. Eles percebem muito bem a futilidade das vossas grandezas e dos vossos prazeres. Além disso, a mais feliz das vidas é sempre agitada, sempre inquieta, quando mais não seja, pela ausência da dor.

867. De onde vem a expressão: Nascer sob uma boa estrela?

- Velha superstição que ligava as estrelas ao destino de cada homem; alegoria que algumas pessoas cometem a tolice de levar ao pé da letra.

VIDA PLENA

"Como me sinto quando sou convocado para realizar uma tarefa humilde, sem maior expressão exterior?".

PRECE

Senhor, mostrai-nos o caminho da iniciativa, para que possamos solucionar nossas dificuldades; o da persistência, para evitar o desânimo; e o da caridade, para evitar o egoísmo e poder dividir os benefícios que de Vós recebemos todos os dias.

Sábado

Capítulo 26

DAI DE GRAÇA O QUE DE GRAÇA RECEBESTES

Mediunidade gratuita

8. Todo aquele que conhece as condições em que os bons espíritos se comunicam, e sua repulsa por tudo que se refere a interesses egoístas, sabe como pouca coisa basta para que eles se afastem. Por isso, jamais se poderia admitir que espíritos superiores estivessem à disposição de qualquer um que os chamasse, por determinada recompensa, a cada sessão. O simples bom senso rejeita tal pensamento. Não seria também uma profanação evocar, em troca de dinheiro, seres que respeitamos ou que amamos? Sem dúvida, assim agindo pode-se até conseguir manifestações, mas quem poderia garantir-lhes a sinceridade? Espíritos levianos, mentirosos, zombeteiros, enfim, espíritos inferiores pouco escrupulosos, sempre se apresentam prontos para responder a tudo que lhes perguntam, sem se preocuparem com a verdade. Por isso, quem deseja comunicações sérias deve, antes de mais nada, pedi-las com seriedade e, em seguida, certificar-se sobre a natureza da afinidade do médium com os seres do mundo espiritual. Logo, a primeira condição para conquistar a benevolência dos bons espíritos é a humildade, o devotamento, a abnegação e o mais absoluto desinteresse ***moral e material.***

O LIVRO DOS MÉDIUNS

Dissertações espíritas sobre os médiuns - XIV

Hoje vos falarei do desprendimento, que deve ser uma das qualidades essenciais dos médiuns, assim como a modéstia e o devotamento. Deus lhes concedeu uma faculdade para que ajudem a propagar a verdade, não para que façam dela um negócio. E com isso não me refiro só aos que tivessem a intenção de explorá-la, como o fariam com um talento comum, que se dispusessem a apresentar-se como médiuns, do mesmo modo que outros se exibem como dançarinos ou cantores, mas a todos que pretendessem servir-se dessa faculdade visando a um interesse qualquer. Acaso é racional pensar-se que bons espíritos, e mais ainda espíritos superiores, que condenam a ganância, concordem em exibir-se, e, como comparsas, se ponham à disposição de um promotor de manifestações espíritas? Tampouco é racional supor que bons espíritos possam apoiar propósitos de orgulho e ambição. Deus permite que eles se comuniquem com os homens para tirá-los do lodaçal terrestre e não para servir de instrumentos às paixões mundanas. Ele não pode, pois, ver com satisfação os que desviam do seu verdadeiro objetivo o dom que lhes concedeu, e vos asseguro que eles serão punidos, ainda na Terra, com as mais amargas decepções.

Delphine de Girardin

VIDA PLENA

"Que uso tenho feito dos tesouros espirituais que me foram confiados pela Bondade Divina?".

PRECE

Bons espíritos, protegei-nos contra as más influências que tentam nos desviar do verdadeiro serviço cristão. Que possamos estar alertas e vigilantes e, dessa forma, cumprir aquilo que Jesus nos ensina sobre a doação das coisas que recebemos gratuitamente.

Domingo

Capítulo 27

PEDI E OBTEREIS

Requisitos da prece

1. (...) Procurai não falar muito em vossas preces, como fazem os pagãos, que pensam que é pela quantidade de palavras que serão atendidos. Não vos torneis, pois, semelhantes a eles, porque vosso Pai sabe o que vos é necessário, mesmo antes que Lhe peçais (MATEUS, 6:5-8).

Ação da prece. Transmissão do pensamento

11. Pela prece, o homem atrai a ajuda dos bons espíritos, que vêm apoiá-lo em suas boas decisões e sugerir-lhe bons pensamentos. Com isso, ele adquire a força moral necessária para vencer as dificuldades e voltar ao bom caminho, se dele se afastou, e pode também desviar de si os males que poderia atrair por suas próprias faltas. Um homem, por exemplo, que vê sua saúde debilitada pelos excessos que cometeu, e carrega até o fim de seus dias uma vida de sofrimentos, terá o direito de queixar-se, se não obtiver a cura? Não, pois poderia ter encontrado na prece forças para resistir às tentações.

12. Se dividirmos os males da vida em duas partes, uma contendo o que o homem não pode evitar, e a outra com as amarguras de que ele próprio é o principal causador, em razão de sua negligência e de seus excessos (Veja capítulo 5, número

4, de O *Evangelho Segundo o Espiritismo*), constataremos que a quantidade destas últimas supera em muito a da primeira. É mais do que evidente, então, que o homem é o responsável pela maior parte de suas aflições, das quais se livraria se agisse sempre com sensatez e prudência.

É certo também que essas misérias são o resultado de nossa desobediência às leis de Deus, e que, se as respeitássemos rigorosamente, seríamos completamente felizes. Se não ultrapassássemos o limite do indispensável para satisfazer nossas necessidades, não teríamos as doenças que são consequência de excessos, nem os transtornos que se originam dessas enfermidades. Se estabelecêssemos limites à nossa ambição, não teríamos a ruína. Se não pretendêssemos subir mais alto do que podemos, não teríamos medo das quedas. Se fôssemos humildes, não sofreríamos as decepções do orgulho ferido. Se praticássemos a Lei da Caridade, não seríamos maledicentes, nem invejosos, nem ciumentos, e evitaríamos as discussões e os desentendimentos. Se não fizéssemos mal a ninguém, não teríamos as vinganças.

Quanto aos outros males, admitamos que o homem nada possa fazer, e que toda prece seja inútil para livrar-se deles. Já não seria o bastante ver-se livre de todos os males decorrentes de sua própria conduta? Ora, aqui percebe-se facilmente a ação da prece, pois sua finalidade é invocar a inspiração salutar dos bons espíritos; pedir-lhes forças para resistir aos maus pensamentos, que, se colocados em prática, podem nos ser desastrosos. Nesse caso, ***não é o mal que eles afastam. Nós é que somos afastados do pensamento que poderá causar o mal. Os espíritos não interferem nos desígnios de Deus, nem interrompem o curso das leis da natureza, apenas impedem que desrespeitemos essas leis, ao orientarem o nosso livre-arbítrio***. Eles agem desse modo, sem que percebamos, para não condicionar a nossa vontade. O homem se acha, então, na posição daquele que pede bons conselhos e os coloca em prática, mas continua livre para segui-los ou não. Deus quer que assim seja, para que ele seja responsável pelos próprios atos, e para deixar-lhe o mérito da escolha entre o bem e o mal. É isso que se obtém sempre, quando ora-se com fervor. É nesse caso que se pode aplicar as seguintes palavras: “Pedi e obtereis”.

A eficácia da prece, mesmo reduzida a essa proporção, não

traria um resultado considerável? Estava reservado ao espiritismo provar sua ação, revelando-nos as relações existentes entre o mundo material e o mundo espiritual. Mas os efeitos da prece não se limitam somente a isso. Ela é recomendada por todos os espíritos. Renunciar à prece é menosprezar a bondade de Deus; é recusar para si mesmo a assistência de um Pai Maior, e negar aos outros o bem que lhes poderia ser feito.

O LIVRO DOS ESPÍRITOS

663. As preces que fazemos por nós mesmos podem mudar a natureza das nossas provas e desviar-lhes o curso?

- Vossas provas estão nas mãos de Deus e há algumas que devem ser suportadas até o fim, mas Deus sempre leva em conta a resignação. A prece atrai a vós os bons espíritos que vos dão forças para suportá-las corajosamente, e elas vos parecem menos duras. Já o dissemos: quando bem feita, a prece jamais é inútil, porque dá forças, o que já é um grande resultado. "Ajuda-te e o céu te ajudará", vós o sabeis. Além do mais, Deus não pode mudar a ordem da natureza conforme a vontade de cada um, pois o que do vosso ponto de vista mesquinho e o da vossa vida efêmera é um grande mal, quase sempre é um grande bem na ordem geral do Universo. E depois, quantos males existem de que o próprio homem é o causador, por conta de sua imprevidência ou de suas faltas! Ele é punido por onde pecou. No entanto, os pedidos justos são atendidos com maior frequência do que pensais. Julgais que Deus não vos ouviu porque não vos fez um milagre, enquanto Ele vos assiste por meios tão naturais que vos parecem obra do acaso ou da força das coisas. Às vezes também, na maioria das vezes mesmo, Ele vos sugere a idéia necessária para sairdes por vós mesmos da dificuldade.

VIDA PLENA

"Minha preces possuem a verdadeira disposição de solicitar aquilo que é necessário ao meu próprio bem, ou alimenta as minhas vaidades pessoais?".

PRECE

Senhor, ensinai-nos a orar com maturidade e respeito às Vossas leis sábias e generosas. Que, em nossas preces, as nossas palavras e pensamentos estejam sempre sintonizados com as nossas reais necessidades e, sobretudo, com as necessidades dos nossos semelhantes.

O Além - Um guia de viagem

Ramatís / Hercílio Maes

ISBN 978-857618-476-8 • Formato 14 x 21 cm • 170 pp.

Se a Grande Viagem é inevitável, e faz parte do multimilenar processo de ir-e-vir pelo qual todos periodicamente transitamos, nada melhor do que viajarmos informados sobre os detalhes do embarque e da chegada, e de como é possível preparar uma estadia melhor nos alojamentos do Grande Além para onde um dia seremos transferidos.

Ramatís traz, nesta obra, o depoimento de um viajante de origem próxima a nós, um discípulo dele desencarnado no Brasil no século XX – Atanagildo –, cujo relato de vida, embarque e desembarque no plano astral compõem um guia de singular interesse e utilidade para nós, futuros passageiros da mesma rota.

Além do processo do desencarne e de inúmeros aspectos do plano astral, Atanagildo descreve em minúcias a comunidade astralina do Grande Coração, onde se situa, e nos previne sobre os aspectos críticos da desencarnação e da eutanásia, essa tentativa perigosa de *furar a fila* da própria programação cármica e embarcar antes da hora.

Há mais de 60 anos uma das obras mais procuradas de Ramatís, *A Vida além da Sepultura* se oferece agora neste volume temático com os textos originais, enfocando especificamente a grande viagem e o território do Além que nos aguardam – um guia prático para os viajantes que seremos todos, um dia, no retorno feliz ao verdadeiro destino do espírito.

Espíritos nas Escolas

Dalmo Duque dos Santos

ISBN 978-857618-229-0 • Formato 14 x 21 cm • 112 pp.

Nas escolas existem espíritos desencarnados? Podem ocorrer ali fenômenos espíritas? Há especulações filosóficas sobre esse tema?

Dalmo Duque dos Santos, historiador, professor, autor de ***Nova História do Espiritismo***, lembra nesta nova obra que a mesma espiritualidade encontrada nos centros espíritas pode atuar nas escolas ou em qualquer ambiente de trabalho, já que todos somos espíritos e médiuns em maior ou menor grau. Mas como tratar de espiritualidade num contexto em que o paradigma dominante é o da matéria? Não se trata de difundir o espiritismo em sala de aula, mas sim propor que as coisas espirituais sejam ensinadas nas entrelinhas implícitas dos currículos, numa abordagem não formalizada.

Além de reflexões sobre o tema, esta obra apresenta relatos de vivências no ambiente escolar. Segundo o autor, ele é inspirado por espíritos "que parecem ser de uma fraternidade de educadores". E acrescenta: "Socialmente somos professores, mas espiritualmente estamos professores, portadores da candeia, e difusores da luz". Assim sendo, propõe caminhos para o professor consciente da tarefa de clarear as almas e formar uma humanidade melhor.

Pela atualidade das reflexões e abordagem multifacetada, ***Espíritos nas Escolas*** é uma obra altamente recomendável ao universo dos educadores espíritas e espiritualistas.

O EVANGELHO DO DIA - VOL. 4
foi confeccionado em impressão digital, em janeiro de 2024
Conhecimento Editorial Ltda
(19) 3451-5440 — conhecimento@edconhecimento.com.br
Impresso em Luxcream 80g, StoraEnso